U0112080

大展好書　好書大展
品嘗好書　冠群可期

大展好書　好書大展
品嘗好書　冠群可期

運動精進叢書 8

沙灘排球技巧圖解

鍾秉樞
蘇麗敏　主編

大展出版社有限公司

作者簡介

鍾秉樞

博士、教授、博導、國家級排球裁判員。1959年出生，四川人，畢業於北京體育大學。歷任北京體育大學男排代表隊主教練、女排希望隊教練、排球教研室副主任、運動系副主任、主任、教務處處長，現任北京體育大學副校長、中國排球協會訓練科研委員會副主任。1990年至1992年國家公派赴西班牙進修學習。能熟練運用英語、西班牙語。出版的排球圖書有《球迷必備知識手冊排球分冊》、《排球運動科學探蹊》、《跟專家練排球》、《娛樂排球》、《體育課準備活動集錦（VCD）》、《跟我學排球（VCD）》、《排球裁判法圖解》、《中央電視臺體育頻道42集體育教學系列片——排球》等著作。

1989年獲霍英東高校青年教師獎，1994年被評爲北京高校（青年）學科帶頭人，1996年獲教育部全國高校「十佳」優秀青年體育教師，1998年被評爲體育總局優秀中青年學術技術帶頭人。1998年獲國務院政府特殊津貼，2002年獲教育部第四屆青年教師獎。

蘇麗敏

　　北京體育大學出版社副編審。1960 年出生，浙江人，畢業於北京體育大學。

　　歷任中國農業大學體育部副主任、黨支部書記，《中國學校體育》雜誌編輯、記者，北京體育大學出版社辦公室主任等職。現任北京體育大學出版社圖書音像發行部主任。

　　著有《全國農業院校體育課教材——排球》、《學生體育知識叢書——曲棍球》、《足跡》等書和《跟我學排球》等 VCD。完成國家青年重點課題——《奧林匹克運動對中國近、現代學校體育的影響》等課題的研究。先後在《中國學校體育》、《北京體育大學學報》、《人民教育》、《中國教育報》等報刊上發表學術論文 10 餘篇。

目　錄

第 1 章

沙灘排球概述

　　歷經一百多年的蓬勃發展，現代排球運動已經成為一項世界性的競技體育項目。近年來國際排聯的隊伍空前壯大，已成為世界上最大的單項運動協會之一。高水準競技排球激烈對抗的精采場面吸引了眾多觀眾，一場比賽的直接觀眾和電視觀眾可達億萬人。由於排球比賽隔網對抗，沒有身體衝撞，運動量可大可小，因此，使更多的觀眾產生了參與排球運動的強烈慾望。

　　但現代競技排球的高度技巧性及激烈對抗對參與者提出了很高的要求，網上爭奪的加劇，將競技排球發展成為「巨人」運動，這使一批排球運動愛好者望而卻步。

　　為迎合人們在緊張、快節奏工作後休閑和娛樂的需要，為滿足不同層次、不同群體排球運動愛好者參與排球運動的願望，為適應人們在不同環境條件下進行排球活動的要求，一些規則簡單、娛樂性強的排球運動形式應運而生。排球運動不再只是室內 6 人排球了，而是一個匯集迷你排球（小排球）、軟式排球、坐式排球（殘疾人排球）、9 人制排球、4 人制排球、氣排球、牆排球、草地排球、盲人排球、立體網排球、羽毛排球、雪地排球、泥排球、水中排球、沙灘排球等形式的大家族。而其中最引人注目的則是活力四射的沙灘排球。

一、沙灘排球的興起

　　沙灘排球最早出現在 20 世紀 20 年代美國的加利福尼亞州，其在美國的開展比競技排球更為廣泛，被視為美國排球的「國粹」。一到夏季，人們便湧向海灘，架起球

網，在柔鬆的沙灘上，充足的陽光下，盡情地跳躍、滾翻、魚躍。人們還把游泳、衝浪、打排球結合起來，享受著大自然賦予人類的樂趣。

後來這種海灘娛樂形式被越來越多崇尚戶外運動的人所喜愛，並逐漸風靡美洲的巴西、阿根廷，大洋洲的澳大利亞、紐西蘭，以及地中海沿岸國家。

隨著時間的推移，沙灘排球的觀賞性越來越強，參與沙灘排球的人數呈幾何數字增長。沙灘排球規則逐步建立，4人制、3人制、2人制代替了6人制，繩子代替了劃線，沙灘排球逐漸演變成一種競技體育運動，並深得人們的喜愛。在美國，許多室內排球國家隊的隊員就是從沙灘排球練起的。著名的美國前男排隊長凱拉里，6歲就在海灘上玩排球，12歲便同父親搭擋與他人對壘。他曾說：「我的成功與沙灘排球是分不開的。」

（一）世界沙灘排球運動的發展

20世紀70年代至80年代初是沙灘排球從單純的民間娛樂活動發展成集娛樂、競技於一體的體育活動的關鍵時期。1974年首屆商業化2人制沙灘排球巡迴賽在美國聖地亞哥舉辦，表明了沙灘排球從此併入了商業運作軌道，拉開了沙灘排球商業化、競技化、職業化的序幕。

1976年在美國加利福尼亞舉辦的有獎金的沙灘排球比賽被稱為「職業沙灘排球比賽的源頭」。1979年出現了一批優秀的職業沙灘排球選手。1980年商業贊助性的全美沙灘排球巡迴賽第一次被列入美國官方體育日程計劃。美國1982年成立職業沙灘排球聯合會（AVP）。這些都成為沙

灘排球轉型的標誌。

20 世紀 80 年代是國際排聯在世界範圍內開始宣傳、普及沙灘排球這一嶄新排球形式的時期。1987 年 2 月，第 1 屆世界沙灘排球錦標賽在巴西的里約熱內盧南郊的海灘舉行，來自 7 個國家的 40 名選手參加了比賽。美國選手史密斯和斯多克魯斯奪得冠軍，獲獎金 6 千美元。1988 年國際排聯正式成立了世界沙灘排球聯合會。

1990 年將「世界男子沙灘排球錦標賽」更名為「世界男子沙灘排球巡迴賽」，由巴西、義大利和日本負責承辦。這種辦法大大增加了現場和電視觀眾的人數，極大地加快了沙灘排球的普及速度。

20 世紀 90 年代開始，沙灘排球進入了一個快速發展的歷史階段。承辦男子世界沙灘排球巡迴賽的國家由 3 個擴大為包括法國在內的 4 個，1991 年至 1992 年，又增加了澳大利亞和西班牙兩國。1992 年，沙灘排球成為巴塞隆那奧運會的表演項目，同年，首屆世界女子沙灘排球錦標賽也在西班牙舉行。

1993 年在國際奧委會第 101 次代表大會上，沙灘排球被確定為 1996 年亞特蘭大奧運會正式比賽項目。1996 年已有 50 多個國家的體育聯合會成立了沙灘排球理事會，指導和組織各自國家沙灘排球運動的開展。1996 年亞特蘭大奧運會大約有 42 個國家的 600 多名運動員參加了資格選拔賽。決賽於同年 7 月 23 日至 28 日在美國亞特蘭大薩瓦納海灘上舉行。至此，沙灘排球運動達到了一個新的高度。

目前沙灘排球運動競技水準較高的國家都集中於歐美等沿海發達國家。1996 年奧運會沙灘排球男子比賽，美國

包攬了金、銀牌，加拿大獲銅牌；女子比賽，巴西選手獲金、銀牌，澳大利亞獲銅牌。就總體水準而言，巴西、美國處於領先地位，澳大利亞、義大利、德國、捷克等國緊隨其後。這些國家的沙灘排球競技水準高與其普及程度密切相關。例如，僅巴西就有近 1000 塊沙灘排球場地，1992年世界沙灘排球系列賽巴西站的現場觀眾達 10 萬人次，列當年各個比賽站點之首。1996 年亞特蘭大奧運會僅 6 天，現場觀眾就達 10 萬餘人次。

（二）中國沙灘排球開展的現狀

沙灘排球在我國起步較晚。1987 年 7 月，中國首次組隊參加了沙灘排球國際邀請賽。在以後的幾年中陸續在北戴河、深圳、海南、煙臺等地舉辦了一些不同形式和不同水準的沙灘排球賽。1993 年中國派出男女各 2 名隊員參加了亞排聯舉辦的沙灘排球巡迴賽。由這一系列活動使沙灘排球在我國逐步被人們所認識和喜愛，掀起了中國沙灘排球史上的第一個高潮。

由於沙灘排球列為奧運會正式比賽項目，因此，中國排協加強了對沙灘排球的普及和提升工作。1994 年的廣島亞運會上，沙灘排球作為表演項目，中國男女隊均獲第 5名。1994 年我國舉辦了首屆全國沙灘排球巡迴賽。1995 年在上海舉辦了亞洲沙灘排球系列賽，中國派出 4 支隊伍參賽。1997 年沙灘排球被列為第 8 屆全國運動會正式比賽項目，共有 32 支隊伍參加了預賽，決賽中，上海一隊和四川一隊分獲男女冠軍。1997 年中國首次派出 4 支沙灘排球隊參加了世界女子沙灘排球巡迴賽日本大阪站、韓國釜山站

的比賽。1998 年 8 月，國際排聯女子沙灘排球比賽第一站，首次在中國大連舉行，我國派出 3 支隊伍參加比賽。

近年來，我國沙灘排球運動在普及和提升方面都有了一定的發展，並且已列入我國排球運動發展規劃，每年夏季都將舉辦全國沙灘排球巡迴賽。這些措施對我國沙灘排球的發展必將起到有效的推動作用，從而縮短同世界強隊的差距。

（三）世界沙灘排球巡迴賽

沙灘排球自 1996 年亞特蘭大奧運會被列為正式比賽項目以來，這項運動正以方興未艾的勢頭席捲全球。由於奧運會沙灘排球的資格賽決定於運動員在國際排聯舉辦的世界沙灘排球巡迴賽成績的排名分，因此，每年一屆的「世界沙灘排球巡迴賽」被視為進軍奧運會的橋梁。

世界沙灘排球巡迴賽被國際排聯用新的概念確定為包括不同級別的賽事：大滿貫賽、公開賽、挑戰者賽。每個國家都可成為其中任何比賽的組織者。獎金將以不同的等級形式提供給參賽隊員。

1.排名方法

在 1997 年賽季中，國際排聯將用世界排名來決定各隊能否獲得各種比賽（大滿貫賽、公開賽、挑戰者賽）的「資格賽」和「排名賽」的入選權，並且可根據參賽選手（球隊）在 1997 年「世界沙灘排球巡迴賽」中贏得的總分來決定其在所有參賽選手（球隊）中的排名。排名目的是為了根據所有參加「世界沙灘排球巡迴賽」的選手（球隊）的成績予以獎勵。

2.積分計算方法

分配到每一賽站的總分根據分配到該賽站的獎金總數（一部分由 FIVB 補貼，另一部分由推廣商籌集）確定。「世界沙灘排球巡迴賽」中不同等級的分數計算方法如下：排名第一位（每位選手）分數＝獎金總數／1000；排名第二位（每位選手）分數＝第一位得分的 90％；排名第三位（每位選手）分數＝第二位得分的 80％……依此類推。

3.獎金設定（推廣商籌集部分）

所有參加世界沙灘排球巡迴賽獲得「排名賽」資格的選手，都將根據其排名，依照其參加比賽的等級（大滿貫賽、公開賽、挑戰者賽）贏得組織者提供的獎金。大滿貫賽級：每站比賽獎金總額———男子 20 萬美元，女子 15 萬美元。公開賽級：每站比賽獎金總額———男子 10 萬美元，女子 8 萬美元。挑戰者賽級：每站比賽獎金總額———男子、女子均為 3 萬美元。

4.獎金補貼（FIVB 撥款部分）

參加「大滿貫賽」和「公開賽」，並進入「排名賽」的選手將贏得 FIVB 提供的獎金補貼。1997 年 FIVB 獎金補貼達到 170 萬美元（其中男子補貼 100 萬美元，女子補貼 70 萬美元），FIVB 獎金補貼中的一部分直接發放給參加每站「大滿貫賽」和「公開賽」，並進入「排名賽」的選手，另一部分在整個賽季結束後，根據選手總排名進行發放。

5.FIVB 獎金補貼數額

每站「大滿貫賽」男子、女子均為 10 萬美元，每站

「公開賽」男子為 5 萬，女子為 4 萬，均占組織者設定的 50%，對於「挑戰者賽」，FIVB 不提供任何獎金補貼。

二、沙灘排球比賽規則

沙灘排球是一項室外球類運動項目，其最大的特點是比賽場地選在了一塊柔細鬆滑的軟沙上，我們從下表可看出沙灘排球區別於室內 6 人排球的主要特點：

室內排球比賽與沙灘排球比賽的比較		
內　　容	室內排球	沙灘排球
環　　境	室內	室外
場　　地	硬地	沙灘
參賽人數	男子 6 人和女子 6 人，可換人	2人、3人、4人、男女混合，不可換人
場上站位	賽前確定後依次輪轉	隨意站位
場區限制	有中線、進攻線	無中線、無進攻線
比賽局數	五局三勝	一局一勝和三局兩勝
場區交換	一局一換，決勝局 8 分後交換場區	一方得 5 分或得 4 分後即交換場區
教練員	臨場指導	不可臨場指導
服　　裝	全隊統一著裝，短褲和長衣或短衣，著鞋	短褲或泳裝，一般情況下赤腳，可戴帽子、眼鏡或太陽眼鏡
音　　樂	無	有

（一）場地與器材設備

1.場　地

正式比賽場地必須是至少有 40 公分深且鬆軟的細沙組成的水平沙灘。沒有石塊、殼類及其他可能造成運動員損傷的雜物。比賽場區為 18 公尺×9 公尺的長方形。四周至少有 3 公尺寬、從地面向上至少有 7 公尺高的無障礙區、無障礙空間。沒有中線和進攻線，所有的界線寬 5～8 公分，界線顏色必須與沙灘明顯不同，應由抗拉力和耐鹽腐蝕材料的帶子平放在沙地上，並固定好。

2.比賽用球

球必須是 12 或 18 塊柔軟和防水的皮革製成，以適合室外比賽條件，即使在下雨時也能進行比賽。球的顏色為淺黃色或其他淺色，如橙色、粉紅色、白色等。球的圓周為 65～67 公分，重量為 260～280 克，氣壓為 0.175～0.225公斤／平方公分。正式比賽實行三球制。

3.球　網

球網設在場地中央，球網上下沿的全長各縫有 5～8 公分的雙層帆布帶，最好是深藍色或鮮艷的顏色。可以在帆布帶上設置廣告。兩條彩色標誌帶與邊線同寬，分別設在球網兩端，垂直於邊線。標誌帶上允許設置廣告。

男子正式比賽網高 2.43 公尺，女子為 2.24 公尺，網高可以根據不同年齡有所區別。

4.網　柱

網柱固定在兩條邊線外 0.7～1 公尺的地方。禁止用拉鏈固定網柱，網柱本身要用海綿等柔軟物包裹，以防止運

比賽場地

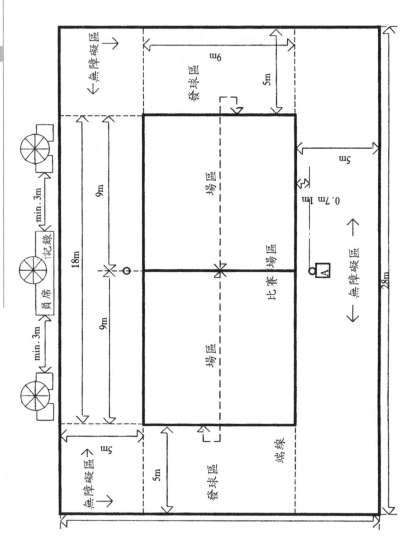

動員撞傷。

5.裁判臺

為了保證運動員的安全，裁判臺不宜過寬過長。應可以在 1.10～1.30 公尺高度之間升降。

6.其他附加設備

在比賽場地附近應有水源，便於在比賽間隙向場地上灑水降溫。記錄臺一側、兩邊無障區應設置太陽傘、椅子，供運動員暫停、局間休息使用。比賽場內保證有飲水供應。

（二）比賽方式與主要規則

1.比賽方式

方式 A：一局制，即勝一局的隊為勝一場。

某隊先得 15 分，並同時超過對方 2 分的隊為勝方。當比分 14：14 時，某一隊領先 2 分為止。最高分限為 17 分，當比分 16：16 時，先得第 17 分的隊即為勝隊。

方式 B：三局兩勝制，即勝兩局的隊為勝一場。

前兩局，先得 12 分的隊為勝一局。決勝局採用每球得分制，先得 12 分，同時至少超過對方 2 分的隊勝該局，當比分 11：11 時，比賽繼續進行直至某隊領先 2 分，沒有最高分限制。

2.主要規則

（1）一個隊只有 2 名隊員，分別為 1 號和 2 號。國際排聯正式比賽中不允許教練員進行指導。

（2）除裁判員特許外，隊員必須赤腳。隊員可以戴眼鏡或太陽鏡進行比賽。

（3）在不影響對方的情況下隊員擊球後可進入對方場區，如果與對方身體碰撞或干擾對方，則裁判員判罰對方得分或得發球權。

（4）比賽中不允許換人。如果一名隊員不能繼續比賽，該隊即為該場比賽的負方。

（5）兩名隊員可以隨意站位，場上沒有固定位置，無位置錯誤，但必須依次發球，如發球次序錯誤，則判對方發球。

（6）比賽中允許 2 名隊員中的任何 1 名在成死球時請求裁判員對規則和規則的執行進行解釋，請求裁判員允許換服裝或器材、核對發球隊員號碼、檢查網和球、整理場地界線、請求暫停等。

（7）每隊在每局有 4 次暫停，可單獨使用也可連續使用。每次暫停時間為 30 秒。

（8）在方式 A 的比賽中，比賽雙方每積 5 分後，兩隊隊員必須交換比賽場區，這時可休息 30 秒。在方式 B 的比賽中，雙方每積 4 分後交換比賽場區，交換場區時沒有休息時間。

（9）隊員受傷可給予 5 分鐘的恢復時間，但不能給予同一隊員在一局比賽中多於 2 次的恢復時間。

（10）本方攔網觸球後，只允許再觸球 2 次。

（11）防重扣時，允許隊員用上手傳球，對「持球」的尺度可適當放寬。

（12）不允許張開手指用單手進行吊球，允許其他方式的吊球，但不得推、擲和攜帶球。

（13）在進攻性擊球時，可以雙手傳球到對方場區，

但傳球時出球方向必須垂直於雙肩連線。傳給同伴的球除外。

（14）發球隊員的同伴不許有意或無意地擋住接發球隊員的視線，在對方的要求下必須讓開。

（15）如一天比賽兩場以上時，中間至少間隔 1 小時。

3.特殊規定

（1）隊員受傷處理的規定

比賽中隊員受傷，裁判員應立即中斷比賽，該球重新進行。由裁判員決定是否給予受傷隊員 5 分鐘的恢復時間。5 分鐘恢復時間到後，由受傷隊員自己決定是否繼續參加比賽。在極端的情況下，賽會的醫生和技術監督有權反對受傷隊員繼續比賽。一局比賽中最多給予受傷隊員 5 分鐘恢復時間。

（2）處理較長時間間斷的規定

一次或數次間斷時間累計不超過 4 小時，無論比賽在原場地或換場地進行，已結束的各局及間斷的一局均保持原比分。如累計間斷超過 4 小時，則比賽重新開始。

（3）延誤比賽判罰的規定

延誤比賽的情況有：拖延暫停或交換場區的時間；在同一局中再次提出不符合規定的請求；試圖減慢比賽的節奏；再次詢問已使用的暫停次數；沒有經過同意延長發球與上一次死球之間的 12 秒鐘時間；對裁判員詢問時間過長等。

在同一局中，對一個隊的第一次延誤給予「延誤警告」，延誤警告是對全隊的。同一局中，同一隊的任何類型的第二次或多次的延誤，則給予「延誤判罰」，失 1

球，對方得 1 分。

（4）不良行為及其判罰的規定

對裁判員、對方隊員、同隊隊員和觀眾的不良行為，根據其程度分為三類：違背道德原則和文明舉止，有侮辱性表示為粗魯行為；有誹謗、侮辱的言語或形態為冒犯行為；進行人身侵犯或企圖侵犯為侵犯行為。

第一裁判員根據不良行為的程度，分別予以判罰。

不良行為判罰等級表

種類	發生次數	違反者	判罰	牌	結果
粗魯行為	第一次	任一成員	判罰	黃	失一球
	第二次	同一成員	判罰出場	紅	離開比賽場地坐在判罰區
	第三次	同一成員	取消比賽資格	紅＋黃	離開比賽控制區
冒犯行為	第一次	任一成員	判罰出場	紅	離開比賽場地坐在判罰區
	第二次	同一成員	取消比賽資格	紅＋黃	離開比賽控制區
侵犯行為	第一次	任一成員	取消比賽資格	紅＋黃	離開比賽控制區

同一隊員在同一局中重犯不良行為時，按《不良行為判罰等級表》加一級判罰。一名隊員在同一局中可以得到多次的不良行為判罰。對冒犯行為和侵犯行為可直接進行取消比賽資格的判罰。

（5）發球次序錯誤

賽前隊長抽籤後，各隊 2 名隊員的發球次序便確定。

比賽中隊員如沒按照發球次序發球,則為發球次序錯誤犯規,判失一球,並立即糾正錯誤。記錄員應在每次發球前出示發球隊員號碼提示牌,隊員也可要求核對發球隊員號碼。

（6）持　球

隊員沒有將球擊出,而是接住或扔出則造成持球犯規。但球可以向任何方向彈出;在用上手傳球防重扣球時球在手中可短暫停滯;當雙方隊員網上同時觸球時可以「持球」。

（7）連　擊

一名隊員連續擊球 2 次或球連續觸及隊員身體不同部位,則造成連擊犯規。但允許一名或兩名隊員在同一攔網動作中連續觸球;攔網後可以由任何一名隊員進行第一次擊球,包括攔網時已觸球的隊員;在第一次擊球時,除上手傳球外,允許身體不同部位在同一擊球動作中連續觸球。即第一次擊球採用上手傳球,如出現連擊則判連擊犯規。

（8）四次擊球

規則規定每隊最多可擊球 3 次,第三次必須將球從球網上空擊回對方。超過 3 次即為四次擊球犯規。攔網觸球計為 3 次擊球中的一次擊球。一個隊攔網觸球後只能再擊球 2 次。

（9）隊員進入對方空間、場區或無障礙區並妨礙了對方比賽。

沙灘排球比賽的場地不設中線,規則規定隊員在不妨礙對方比賽的情況下,允許隊同進入對方空間、場區和無障礙區。如妨礙了對方比賽即犯規。

（10）觸 網

隊員觸及球網的任何部分和標誌杆則為觸網犯規（沙灘排球規則中沒有排球比賽規則中「未試圖進行擊球的情況下偶爾觸網除外」的規定）。由頭髮造成的輕微觸網不算犯規。由風吹動致使球網觸及隊員不算犯規。

（11）隊員用手指吊球完成進攻性擊球

規則明確規定，隊員不得用手指吊球動作將球吊入對方場區。隊員無論是手掌併攏伸直，還是手指張開，只要是用手指吊球完成進攻性擊球均判為犯規；隊員在網前伸直雙臂，雙手用手指動作進行吊球也應判為犯規。

（12）上手傳球完成進攻性擊球時傳球軌跡不垂直於雙肩連線

規則規定，用傳球動作完成進攻性擊球時，傳球的軌跡必須與雙肩連線垂直，否則為犯規。隊員採用邊轉動身體邊傳球應判犯規。隊員將球傳向對方時傳球軌跡是與雙肩連線垂直的，但由於風大，致使傳出球的軌跡與雙肩連線不垂直不算犯規。

（三）裁判工作

1.裁判成員

沙灘排球比賽的裁判成員組成分工及各自的職責與排球比賽基本相同。僅記錄員增加了需在每一輪發球前展示發球隊員號碼牌，指明發球次序及通知裁判員交換場地的工作。

（1）第一裁判員

①注意區分正常的比賽間斷和有意延誤比賽。

裁判員和輔助人員站位示意圖

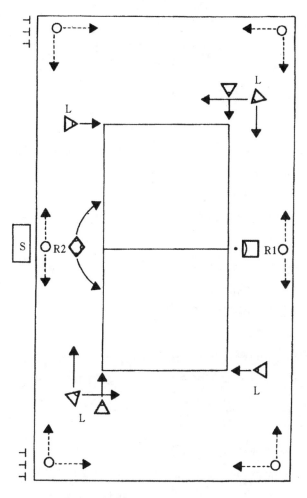

R1 = 第一裁判員　　　L = 司線員

R2 = 第二裁判員　　　O = 撿球員

S = 記錄員

②在高溫、場地過乾時，要讓工作人員向場內灑水。

③在方式 A 的比賽中每 5 分和 5 分的倍數時，在方式 B 的比賽中，當比分為 4 分和 4 分的倍數時要宣布交換場區，交換場區的時間最多為 30 秒，決勝局交換場區無間歇時間，不得延誤比賽。

（2）第二裁判員

①掌握暫停次數和時間。

②經常與記錄員取得聯繫，隨時掌握交換場區的比分和應發球的隊員。

（3）記錄員

①注意比賽中特別是交換場區時的比分，並通知第二裁判員和翻分員。

②準確記錄運動員的發球次序，當運動員提出詢問時，要及時用號碼牌示意。

③熟悉沙灘排球記分表。

（4）司線員

由於沙地鬆軟，在判斷界內外球時，應以球是否觸及到界線為依據。在判斷發球隊員踏線犯規時，也應以發球隊員是否踏及端線為依據。

2.手　勢

沙灘排球規則規定：隊員張開手指完成吊球和運用上手傳球完成進攻性擊球時，其出球方向與兩肩的垂直面不一致均為進攻性擊球犯規，其手勢為 6 人制後排隊員進攻性擊球犯規的手勢。其他手勢同 6 人排球。

裁判員手勢圖

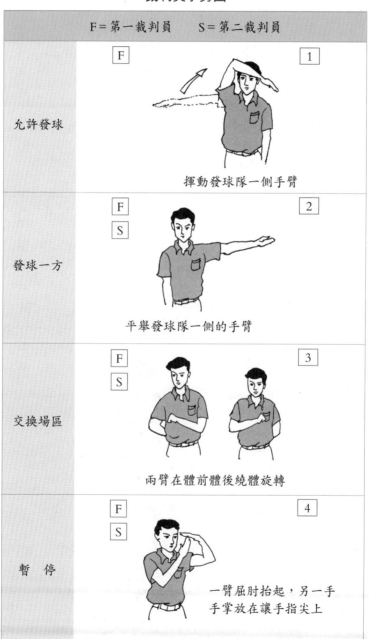

F＝第一裁判員　　　S＝第二裁判員	
允許發球	**F** **1** 揮動發球隊一側手臂
發球一方	**F** **S** **2** 平舉發球隊一側的手臂
交換場區	**F** **S** **3** 兩臂在體前體後繞體旋轉
暫　停	**F** **S** **4** 一臂屈肘抬起，另一手手掌放在讓手指尖上

第1章

沙灘排球概述

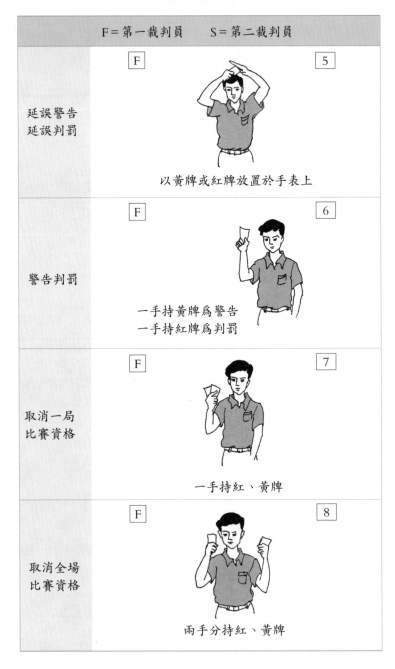

F＝第一裁判員　　　S＝第二裁判員

延誤警告
延誤判罰

以黃牌或紅牌放置於手表上

警告判罰

一手持黃牌爲警告
一手持紅牌爲判罰

取消一局
比賽資格

一手持紅、黃牌

取消全場
比賽資格

兩手分持紅、黃牌

F＝第一裁判員　　　S＝第二裁判員		
一局或全場 比賽結束	F S　　　　　　　　　　　9	
	兩手掌在胸前交叉	
發球時 球未拋起	F　　　　　　　　　　　10	
	一臂屈肘慢慢舉起，掌心向上	
發球延誤	F　　　　　　　　　　　11	
	一手上舉，五指分開（5秒）	
掩護犯規	F S　　　　　　　　　　　12	
	兩臂上舉，掌心向上	

F＝第一裁判員　　　S＝第二裁判員		

觸手出界	F · S 13 兩臂舉起，一手掌擦摩另一手指尖
界內球	F 14 整個手臂和手掌斜指向地面
界外球	F · S 15 兩臂屈肘上舉，手掌向後擺動
持　球	F 16 一手掌前平舉，掌心向上

F=第一裁判員　　S=第二裁判員		
連　擊	F S　　✌️ 一臂屈肘舉起，伸出兩個手指	17
四次擊球	F S　　🖖 一臂屈肘舉起，伸出四個手指	18
發球觸網和 隊員觸網	F S 一手觸網頂或觸犯規隊一側球網	19
過網犯規	F 一手掌心向下，前臂置於球網上空	20

第 *1* 章 沙灘排球概述

F＝第一裁判員　　　S＝第二裁判員		
進攻性擊球 犯　規	F S	21
	一臂向上舉起，前臂向下擺動	
進入對方場 區干擾對方 或球從網下 通　過	F S	22
	手指指向中場	
雙方犯規	F	23
	兩臂屈肘，豎起拇指	

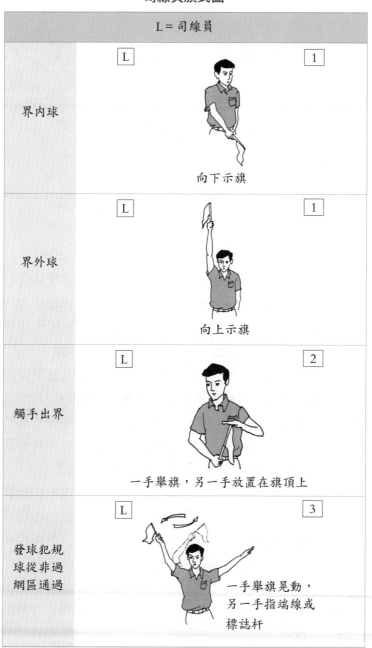

L＝司線員		
界內球	L　　　　　　　　　　1　　向下示旗	
界外球	L　　　　　　　　　　1　　向上示旗	
觸手出界	L　　　　　　　　　　2　　一手舉旗，另一手放置在旗頂上	
發球犯規球從非過網區通過	L　　　　　　　　　　3　　一手舉旗晃動，另一手指端線或標誌杆	

三、沙灘排球技戰術特點

正式的沙灘排球比賽是雙方各上場 2 人，在室外鬆軟的沙地上進行對抗的運動形式。它與室內 6 人排球相比，具有參賽人數少、比賽場地鬆軟、自然環境干擾大（陽光、風向）等特點。因此，它具有下列技戰術特點。

人的重心越低，穩定角就越大。在沙地上，起動時的蹬地角越小，蹬地時越容易滑倒，支撐反作用力也越小，抬腿的高度也將受影響。因此，移動前身體的準備姿勢應稍高，處於半蹲與稍蹲之間；移動步法多用併步、跨步和跑步；跑步時腿要高抬，使腳高出沙面，減小阻力。

由於參賽人數少，隊員接發球負責的區域大，因此宜發弧度平的球，球飛行時間短，給接發球隊員的判斷和移動造成困難。發球時，充分利用陽光和風向等自然條件，如順風時，多用跳發輕飄球；逆風時，多用跳發大力球和發側旋球；運用飄晃、旋轉、高吊等不同性能的發球和控制球的落點以增加攻擊性；發點、找人，迫使對方在移動

中接發球，如發後場，加長一傳隊員墊球後扣球的助跑距離；發前場，使其衝至網前，一傳後不能及時後撤做扣球前的準備；對方右邊隊員是右手扣球隊員時，發到對方場區的左後角。發球找人時，找接發球技術差、扣球技術差、身體疲勞體力下降的人。

一般墊球的弧度稍高，墊球技術運用多樣化，除雙手前臂墊球外，擋球、單手墊、前撲、魚躍、側倒墊球等被廣泛運用。由於規則對傳球過網的限制嚴格，墊球技術除用於一傳和防守，還大量用於二傳及攻擊性處理球。

鑒於規則對傳球持球尺度的放寬，傳球既用於組織進攻，也廣泛用於一傳和防守。二傳球一般稍遠網，以利於縮短扣球人由一傳轉為扣球時助跑的距離。一傳較好時，可組織快球、短平快、平拉開、圍繞等戰術。二傳技術多用側傳和跳起側傳，便於完成二次球進攻或直接傳球過網，干擾對方的攔防布局。傳球過網時，身體必須面對或背對出球方向。

由於從一傳或防守轉入扣球起跳點的距離一般較長，助跑多採用多步助跑，其目的主要是接近球，選擇起跳點，而不是增加彈跳高度。助跑的最後一步一般不宜過大，以免在起跳時重心過於滯後而滑倒。起跳大多用併步起跳，以利穩定重心。

進攻多依靠扣球隊員的個人戰術和二傳隊員的二次進攻及其轉移來迷惑對方。扣球以打出不同線路和落點的技巧扣球為主，攻擊對方的薄弱點。扣球不僅需要有力量，更強調手的控制技巧和手腕的主動變化。側旋扣、輕打、搓擊、拳頭擊球和掌握吊球等被大量運用。

接發球站位多採用 2 人各負責二分之一場區的平行站位，盡量由本方扣球技術好的人接發球，以利於進攻。一傳的弧度稍高，落點應在場地中央進攻線附近，便於二傳傳球。一傳時，也可將球直接墊到球網附近，供同伴二次球進攻。

沙灘排球的防守陣形只能是無人攔網 2 人防守和單人攔網單人防守。沙灘排球的遠網扣球多，攔網的起跳時間大多在對方擊球時或擊球後。攔網時，手盡量接近球，力爭攔死或攔回。無人攔網防守陣形與接發球陣形相似。單人攔網單人防守的攔防配合要事先約定，不能輕易改變，以免出現大的漏洞。在球網中部攔網時，後防隊員應選擇中場偏後的位置；在球網一側攔網時，攔直防斜。防守墊球應稍高，便於攔網隊員接應，攔網觸球後，應力爭使防起的球同伴能完成進攻，也可以有目的的把球墊到對方場區的空檔。

第 沙灘排球 基本技術

2

章

沙灘排球基本技術是指參與運動的人在比賽規則合理的條件下，所採用的各種合理擊球動作和為完成擊球動作必不可少的其他配合動作的總稱，可分為無球技術和有球技術兩大類。無球技術包括準備姿勢和移動兩項；有球技術根據擊球動作的性質又分為發球、墊球、傳球、扣球、攔網五項。

在現代越來越激烈的沙灘排球比賽中，要取得最後的勝利，取決於每個運動員對各項技術全面、熟練、準確、靈活掌握的程度，同時，在完成動作時，應充分利用天氣的自然條件，掌握好時間和空間的變化。

對於初學沙灘排球技術，特別是對青少年的教學與訓練中，要強調全面學習各項技術，不可有所偏廢，這樣才能參與沙灘排球比賽的競爭。

一、準備姿勢和移動

準備姿勢和移動是沙灘排球中運用最多的兩種無球技術，始終貫穿在五大技術中，是完成各種技術的前提和基礎。

（一）準備姿勢

沙灘排球比賽每隊 2 人，場地面積與室內 6 人制相同，每人防守面積大，來球情況千變萬化，要想應付各種情況隨時接好球，必須做好準備姿勢，做好準備姿勢有利於迅速起動，提高判斷的準確性，及時做出反應，更有利於完成各種各樣合理的擊球動作。

沙灘排球因沙地鬆軟，沙的流動性大，人在沙地上運動時重心不易穩定。如果準備姿勢的重心過低，在沙地上蹬地時就容易滑動，沙子緩衝了起動的動力，支撐反作用力減小，影響起動的速度，腳進沙中越深，起動越是困難，所以，採用稍蹲和半蹲兩種準備姿勢。

1.稍　蹲

　　兩腳左右開立比肩稍寬，一腳在前，兩膝微屈，身體重心位於兩腳之間，並稍靠近前腳，後腳腳跟稍提起，上體稍前傾，兩臂放鬆，自然彎曲置於腹前。兩眼注視球並兼顧場上各種情況，兩腳保持隨時起動狀態。

　　稍蹲準備姿勢一般用於對方在組織進攻前，或接較高弧度來球時，進行扣球，二傳前都可以用稍蹲準備姿勢。

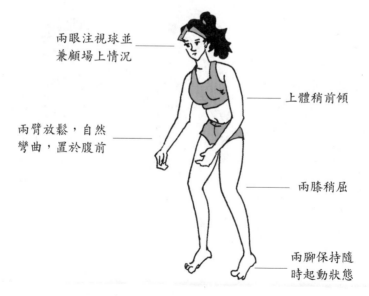

兩眼注視球並兼顧場上情況

上體稍前傾

兩臂放鬆，自然彎曲，置於腹前

兩膝稍屈

兩腳保持隨時起動狀態

稍蹲準備姿勢

2.半　蹲

　　兩腳開立略比肩寬，兩膝彎曲，後腳腳跟自然提起。上體前傾，重心靠前，膝部的垂直線應在腳尖前面。兩臂放鬆，自然彎曲置於腹前。兩眼平視，注意來球，兩腳始終保持起動狀態。

　　半蹲準備姿勢是比賽中最基本的準備姿勢，接發球、接扣球和接吊球都可以運用，主要為短距離移動和防較低來球做準備。

半蹲準備姿勢

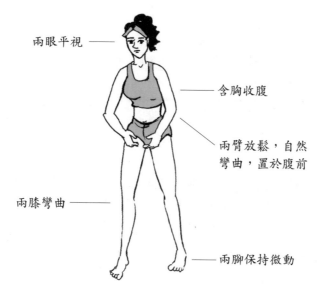

兩眼平視

含胸收腹

兩臂放鬆，自然
彎曲，置於腹前

兩膝彎曲

兩腳保持微動

半蹲準備姿劫正面圖

【要點】

①腳跟稍提起，膝關節保持一定彎曲，便於向各個方向及時蹬地起動，便於預先拉長伸膝肌群、增大移動時的向後蹬力量，也便於及時起跳、下蹲和倒地。

②上體前傾，有利於向前或側前移動；兩臂置於胸腹之間，有利於移動時的擺臂和隨時伸臂做各種擊球動作。

③肌肉保持適度緊張比肌肉放鬆和過度緊張更有利於起動。兩腳保持微動，使神經系統處於適當的興奮狀態，有助於肌肉的快速收縮和克服靜止的慣性。

④隊員根據所防守位置的不同，其準備姿勢、兩腳站立方法也有所不同。左半場區應左腳站在前面，身體稍右轉，右半場區應使右腳站在前面，身體稍左轉。

（二）移動

移動在比賽中是為了接近球，保持好人與球的位置關係，以便擊球，同時也是為了迅速占據場上有利位置。

移動的完整過程包括起動、移動步法和制動三個環節。

1.起　動

起動是從靜止到移動發力動作的過程，以向前起動為例，在正確準備姿勢的基礎上，迅速抬起前腿，收腹使上體向前探出，同時後腿迅速用力蹬地，整個身體急速向前起動。起動快慢是移動的關鍵，起動速度取決於反應能力和腰腿部的速度力量。

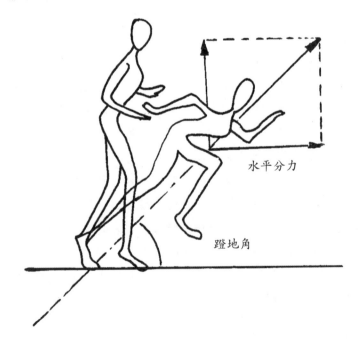

水平分力

蹬地角

【要點】

①根據場上的情況，採取不同的準備姿勢。身體重心越高，穩定性就越小，起動越快。

②起動的力學原理是破壞平衡。當人體向前抬腿，身體失去平衡而前傾，起到了起動的目的。收腹和上體前傾，有利於身體重心的前移和降低，從而使蹬地角減小，增大了後蹬的水平分力，達到快速起動的目的。

低蹲準備姿勢

③起動時，兩腳平行或前後站立均可，膝關節微屈，雙手置於腹前。認真做到眼觀六路，耳聽八方，全神貫注於球的變化上。

④接力量大、速度快、弧度低的來球，重心應稍低，採取半蹲甚至低蹲準備姿勢。

2.移動步法

移動是為了接近球做各種擊球動作，沒有移動或移動不好，就難以完成技術動作。

（1）滑　步

在做好準備姿勢基礎上進行。即同側腳向側跨出一步，異側腳跟上一步。可連續滑步。一般用於來球距身體較近時採用。

滑　步

（2）交叉步

當來球在體側 2 公尺左右，可採用交叉步移動。

以向右移動為例，上體稍向右轉，左腳從右腳前面向右交叉邁出一步，然後右腳再向右跨出一大步，同時身體轉向來球方向，保持擊球前姿勢。

交叉步

由於沙地的特性，交叉步不宜過大，向前做交叉步更有利。

【要點】

動作快，便於制動。

（3）跨　步

可單獨使用，也可與交叉步、跑步的最後一步制動結合，當來球低、速度快、距離身體1公尺左右時運用較好。

先向移動方向跨出一大步，同時屈膝，上體前傾，身體重心移至跨出腿上，可向前、向側或向側前方。

【要點】

跨距大，便於向前、斜前方降低重心進行低點擊球。

側跨步

斜前方跨步

前跨步

（4）跑　步

跑步移動經常與交叉步、跨步等結合起來使用，在接近球時，常用跨步、倒地和各種跳躍動作來制動，使之完成擊球動作。由於場地的特殊條件，跑步是沙灘排球比賽中應用較多的一種步法。

【要點】

步幅小、移動速度快，便於隨時改變方向。

跑步是沙灘排球比賽中應用較多的一種步法

（5）綜合步

當身體離球較遠，用一種步法不便於完成擊球動作時常採用綜合步，兩種移動步法綜合運用稱為綜合移動步法。例如，跑步之後接側滑步或滑步之後接交叉步、跨步來完成攔網及救起距離較遠的球。綜合移動步法在比賽中運用較多。

3.制　動

由快速移動轉為突停狀態的過程稱為制動。制動是移

動的結束，也是擊球動作的開始。制動方法有一步制動法和兩步制動法。

（1）一步制動法

一步制動時，在移動的最後跨出一大步，降低身體重心，制動腿和腳尖轉向球網，全腳掌蹬地，以抵住身體重心繼續移動的慣性力。同時以腰腹力量控制上體，使身體重心的垂直線停落在腳的支撐面以內。

（2）兩步制動法

兩步制動時，以倒數第二步開始做第一次制動，緊接著跨出最後一步做第二次制動，同時兩膝彎曲，重心下降，雙腳用力蹬地，使身體處於有利於做下一個動作的狀態。

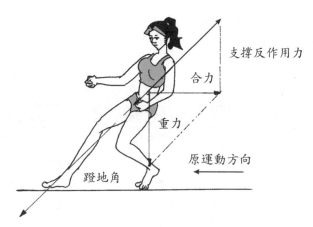

制動與起動是完全相反的過程。制動時，最後跨出一大步，跨出腳蹬地，從而獲得一個地面對人體的支撐反作用力。其與重力形成的合力的方向與人體運動方向相反，從而使身體運動速度減慢，直到停下來。

二、發　球

　　發球是比賽的開始，也是進攻的開始。發球可以直接得分，也可以破壞對方的戰術組成，起到先發制人的作用。發球攻擊性強，可以鼓舞士氣，振奮精神，挫傷對方的銳氣，打亂對方的計劃，在心理上給對方造成很大威脅，同時也可以變被動為主動，為組織再次進攻創造有利的條件。因此，發球要有攻擊性、準確性，要充分利用天氣的自然變化，如陽光、順風、逆風條件，發出各種性能的球，給對方造成接球的困難。

　　目前發球技術分類有幾種不同的劃分方法。依身體與球網的位置分為正對球網和側面發球；以肩高擊球點分為下手發球和上手發球，從性能來分有飄球和旋轉球，依發球技術動作可分為9種發球方法。

沙灘排球常見發球種類

	正對網發球	側對網發球
下手發球	正面下手發球	側面下手發球
	正面上手發球	側面發高吊球
	正面上手發飄球	勾手大力發球
上手發球	跳發球	勾手發飄球
	發側旋轉球	

（一）正面下手發球

　　正面下手發球是指發球隊員面對球網，手臂由後下方

向前擺動，在體前腹部高度擊球過網的一種方法。其特點是動作簡單，容易掌握，準確性大。由於擊球點低，球速慢，攻擊性不強。但可以根據天氣情況，發出不同弧度的球，適合於初學者或娛樂時使用。

正面下手發球

正面下手發球

準備姿勢	拋球	揮臂	擊球	擊球部位	擊球後
面對球網，兩腳自然開立，左腳在前，兩膝微屈，上體稍前傾重心在兩腿之間，左手持球於腹前。	左手將球在體前右側輕輕拋起，離手約一球，在拋球前右臂伸直以肩為軸向後擺動。	右腳蹬地，身體重心隨右臂以肩為軸向前擺動而移至前腳。	指、腕緊張，手成勺形，在腹前以全手掌吻合球，擊球的後下部，也可以虎口或半握拳擊球。	球的後下部	隨擊球身體重心前移迅速進場

【要點】

　　拋球與後引手臂動作協調，球不宜拋高，擺臂以肩為軸，由後向前垂直地面直臂擺動，控制好擺臂的用力方向。

（二）正面上手發球

　　這種發球由於面對球網站立，便於觀察對方，發球的準確性大，易於控制落點，可以充分利用轉體、收腹和上肢的爆發力，運用手腕的推壓動作，使球上旋，且不易出界，因此，具有較大的攻擊性，適合於順風時採用。

正面上手發球

準備姿勢	拋球	揮臂	擊球	擊球部位	擊球後
面對球網，兩腳自然開立。左腳在前，左手托球於身前。（左腳在前身體自然右轉，便於向左轉體揮臂擊球。）	抬臂，手掌平托上送將球平穩垂直拋於右肩前上方，高度適中。（平托上送的拋球方法便於將球拋穩。拋球太前，會造成擊球時手臂推球，拋球太後，不能充分發揮轉體收腹的力量，拋球太高，不易掌握擊球時機，拋球太低，來不及揮臂用力。）	在左手拋球的同時，右臂抬起屈肘後引，與肩平，手掌自然張開，同時抬頭，挺胸，展腹，身體重心移向左腳，然後蹬地，上體向左轉動，同時收腹帶動手臂揮動，作鞭甩動作，以腰帶肩，肩帶動上臂，上臂帶動前臂，前臂帶動手腕。	右臂上方手臂伸直的最高點以全手掌擊球，各手指自然張開吻合球，手腕有迅速主動的推壓動作使球旋轉飛行	球的後中後下部	人體隨重心前移，迅速進場

【要點】

①拋球應垂直於右肩前上方，偏前、偏後、偏左、偏右都會造成身體用力錯誤。

②引臂時注意抬肘後引，肘關節稍高於肩，便於正確地揮臂擊球。

③揮臂擊球的順序是：蹬地→移重心→收腹→（帶動）肩→上臂→前臂→手腕→（傳遞）手上。

④拋球→引臂→揮臂擊球完整的發球動作要用力連貫。

49

第 2 章　沙灘排球基本技術

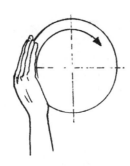

用全手掌擊球後中部　　　　　手腕包擊推壓球上旋

正面上手發球

（三）跳發球

跳發球攻擊性很強。它可以利用助跑跳起在空中升高擊球點，利用身體的伸展，充分發力，加快發球的速度，增強發球的力量，給接發球造成很大威脅。因跳發球技術難度和體力消耗較大，在比賽中應根據隊員的體力及比賽的進展適時地採用跳發球。

【要點】

①助跑可根據個人的情況採用一步、兩步或多步的方法。

②拋球與助跑起跳動作要協調、有節奏。

③揮擊動作時揮臂畫弧要充分，全掌包球，推壓穩。

跳 發 球

準備姿勢	拋球	揮臂	擊球	擊球部位	擊球後
面對球網在發球區距端線3～4公尺處站立。	用右手將球拋到自己右肩前上方高度2公尺左右，遠度視本人上步距離而定。	用扣球時的兩步助跑起跳，鞭甩動作似正面上手發球。	在身體上升至最高點擊球，擊球動作似正面上手發球。	球的後中下部。	屈膝緩衝雙腳落地，保持身體平衡迅速進場。

第2章 沙灘排球基本技術

（四）正面上手發飄球

這種發球近似正面上手發球的形式，其特點是：發出的球不產生旋轉，而使球不規則地向前飄晃飛行，使接發球隊員難以判斷球的飛行路線和落點，造成接球困難。這種飄球在無風的天氣時使用，能達到攻擊性較強的效果，若逆風時採用，則效果更佳。

【要點】

①拋球要區別於正面上手發球，應稍低偏前。

②手型固定，手腕稍後仰，並保持手腕、手指緊張。

③擊球點固定，作用力通過球體重心，突停動作明顯。

正面上手發飄球

準備 姿勢	拋球	揮臂	擊球	擊球部位	擊球 後
同正面上 手發球	比正面上 手發球稍 低前些	同正面上 手發球， 但擊球前 手臂揮動 應自後向 前作直線 運動。	五指併攏手腕 稍後仰，用掌 根的堅實平面 加速擊球，作 用力通過球體 重心，擊球用 力短促，集 中，擊球面積 要小，擊球結 束時手臂要有 突停動作。	球的後中下部	迅速 進場

　　不旋轉，在空中飄晃飛行的球稱為飄球。飄球的運動軌跡類似周期擺動，或是以突然失速不下吊的方式運動，而不是沿拋物線軌跡運動。

　　要發飄球，關鍵在於擊球的作用力要透過球體重心，使球不旋轉地飛出。為此，擊球時手腕要保持緊張，手和球的接觸面要小，形成一個堅硬的平面，發力突然、短促，用力迅速集中，手腕跟球的接觸時間要短。

　　擊球時手指、手腕緊張，可使球體迅速脫離擊球手，縮短手對球的作用時間，從而使球產生較大變形，更易飄晃。

（五）發側旋轉球

發側旋球是利用不同的擊球手法擊球的側部，使球產生向左或向右的旋轉，從而改變球的原有飛行軌跡，給接發球判斷造成困難。

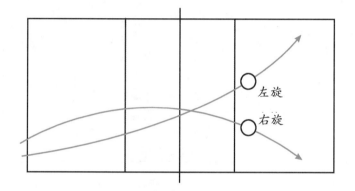

發球時，當作用力通過球的右側面就形成左旋球，而作用力通過球的左側面，則又形成右旋球。

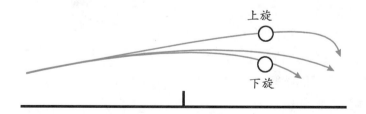

發球時，以全掌擊球的中下部，並用力屈腕推壓球，這樣可產生強烈的下旋。同樣，要發上旋球，則擊球的上

半部。總之，作用力越大，球心與力作用線的距離越大，
轉速越快，反之則轉速越慢。

側旋球

準備姿勢		拋球	揮臂	擊球	擊球部位	擊球後
正面上手發左旋球	同正面上手發球	同正面上手發球	同正面上手發球	以全掌擊球的右後側部，手腕從右向左帶腕，做向內削球動作。	球的右後側部	同正面上手發左半球
正面上手發右旋球	同正面上手發球	比正面上手發球稍左	揮臂前階段同正面上手發球，但後階段向左揮	手腕從右向左急轉和推送，做向外抹球動作。	球的左後側部	同正面上手發球

發側旋球的要點是
手法正確、用力適當、
擊球時機把握恰當，另
外，在沙灘排球比賽
中，豐富的路線變化也
是取勝的關鍵。

旋轉球

　　在空中旋轉飛行的球稱為旋轉球。如果球體本身做上旋轉動，則會帶動球上部的空氣向前流動，與向後流動的空氣相抵觸，使球上部空氣流速減小，而壓力增大；而球的上旋轉動，帶動球下部的空氣向後流動，與向後流動的空氣方向相同，使球下部的空氣流速增加，而壓力減小。這樣，由於球上部壓力大，下部壓力小，球在飛行中很快就被壓下來，形成了下降拋物線的軌跡。旋轉越快，下降的速度就越快。同理，下旋球向上飛，側旋球向側傾。

　　要發上旋球，則必須使作用力的方向通過球體的上半部，同時利用手腕推壓作用。

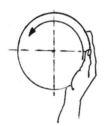
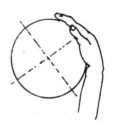

　　當作用力通過球的下半部時，擊出的球，就會下旋飛行。

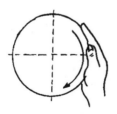

　　同理，當作用力通過球的右（左）半部時，就可以發出右旋球（左旋球）。

（六）側面下手發球

側面下手發球可借助轉體力量帶動手臂揮動擊球，較省力，其性能與正面下手發球相似，也適用於初學者。

【要點】

拋球要準，轉體帶動手臂，擺動臂呈由下到上的斜面，全掌擊球，順勢入場。

側面下手發球

準備姿勢	拋球	揮臂	擊球	擊球部位	擊球後
左肩對網，兩腳自然開立同肩寬，膝微屈，上體稍前傾，身體重心落兩腳之間，左手持球於腹前。	左手將球在胸前約一球遠處平穩拋送到離手約30公分處，同時右臂擺至右側後下方。	右腳蹬地，身體左轉帶動右臂以肩為軸向前上方擺動。	在腹前以全掌或虎口或半握拳擊球的右下方	球的右後下部	隨擊球身體重心前移，迅速進場

（七）側面發高吊球

這種發球的特點是球飛行弧度高，且旋轉、下降時加速度快，具有一定的攻擊性。由於弧度高，球易受風力、陽光的影響，造成接發球的困難，因而有一定威脅。偶爾使用效果更佳，當對方接發球面對陽光時可採用。

【要點】

①側面發高吊球與其他發球用力有所區別。一般發球是向體前方用力擊球，稱向內用力，而側面發高吊球的用力則是向體側用力。所以要注意身體與手臂發力的協調，特別要注意身體向右前方蹬地發力角度，以達到較好的發球效果。

②擊球點應是球下部偏左部位，這個位置特別重要。若擊球的下部，則失去球旋轉特點，造成球向上而不向前。若擊球的部位偏左過大，則失去控制球的能力，造成發球失誤。

發高吊球

準備姿勢	拋球	揮臂	擊球	擊球部位	擊球後
左肩對網而站，兩腳自然開立，左腳在前，膝微屈，上體微前傾身體重心在右腳上，左手持球於體前。	左手將球拋在臉前，讓球在身前一臂遠的地方垂直下落。	右腳蹬地展腹，使身體重心向右上方移動，右臂向上猛然揮動在擊球前手臂成屈肘向上揮動	在腹前以虎口擊球的下部偏左處。	球的下部偏左處	隨身體重心前移、迅速進場

（八）勾手大力發球

這種發球的特點類似於正面上手發球（前旋球），但由於能充分利用全身爆發力和協調性，故發出的球力量更大，速度更快，前旋更強，弧度也更低，在心理上也給對方更大的威脅，但由於接發球採用墊球後，這種發球的攻擊性相應削弱，而且發球難度較大，須用全力，失誤率也較高。

【要點】

要掌握好擊球點。擊球點太後，手臂揮動尚未到達最高點，會使球的飛行弧度過高，也易發出界外；擊球點太前，手臂揮動已超過最高點，會影響屈腕推壓動作的進行，也易發不過網。

勾手大力發球

準備姿勢	拋球	揮臂	擊球	擊球部位	擊球後
同勾手發飄球。	拋球比勾手發飄球稍高，約1公尺，可拋在左肩前上方也可拋在額的正前上方，同時兩腿彎曲，上體順勢向右傾斜，並稍向右移動，右臂隨著向右側後方擺動，身體重心移向右腿以增加手臂回擺擊球的幅度。	右腳蹬地轉體發力，帶動右臂做直臂弧形揮動，同時身體重心由右腳移至左腳。	手臂於伸直的最高點，在右肩的前上方，手指自然張開吻合球，手指手腕主動勾住球，以全掌擊球的中下部，且迅速屈腕推壓球，使球前旋飛行。	球的後中下部。	擊球後順勢轉體面向球網迅速進攻。

（九）勾手發飄球

　　勾手發飄球與上手發飄球一樣，發出的球不旋轉而具飄晃特點，同樣有較強的攻擊性。發球隊員採用側面站位，可充分利用腰部的扭轉來帶動手臂加速揮動，比較省力。肩關節的負擔也小，因此，不僅適用於近距離發球，而且還適用於遠距離發球。

　　【要點】

　　①勾手發飄球要求拋球和揮臂擊球緊密銜接，故拋球不宜太高，如果拋得過高，不容易擊準球的重心。

　　②勾手發飄球肩關節負擔較少，故比較適合做遠距離發球。發遠距離勾手飄球時，球飛行距離長，所以要用較大的力，這樣球就具有力量大的特點。

勾手發飄球

准備 姿勢	抛球	揮臂	擊球	擊球 部位	擊球 後
體側對網兩腳自然開立，左手持球於胸前（以右手發球為例）。	左手採用托送動作，將球平穩抛在左肩前上約一臂高度，同時右臂向體右後側擺動。	揮臂和抛球動作要協調緊密銜接，右腳蹬地，上體向左轉動發力帶動手臂揮動，揮動時手臂伸直，在擊球前突然加速發力，手的揮動在擊球前的一段過程中應保持直線運動。	手指併攏，手腕後仰並保持緊張，在右肩的左上方用掌根擊球後中下部，也可以半握拳，大拇指根部及腕關節處堅硬的平面擊球，擊球後手臂揮動要有突停動作。	球的後中下部。	迅速進場。

（十）跳起大力發球

　　由於人體跳起在空中擊球，可以提高擊球點，由高處向低處擊球，加大了擊球的力量，同時人體在空中擊球，有利於充分伸展身體，發揮全身的協調用力，增大發球力量，提高發球的攻擊性。

【要點】

抛球高度與落點要精確，起跳點要選好，擊球點要保持
在擊球臂前上方，擊球部位要取在中下部，揮臂要快，擊球
要有力度。

（十一）發球個人戰術

掌握良好的個人技術是關鍵，但要取得比賽主動，還要運用成功的個人戰術，巧妙運用個人發球技術及其變化，從而達到有效的進攻與防守的目的。

1.發球前注意事項

（1）應考慮個人發球的技術水準、戰術意識及心理狀態。

（2）應考慮臨場雙方比分的增長情況。

（3）應觀察了解對方接發球的弱點。

（4）應了解對方對不同性能發球的適應程度。

（5）應考慮如何運用自然條件，如陽光、風向等優勢。

2.比賽中常用個人戰術

（1）加強發球攻擊性。發出力量大、速度快、弧度低平、旋轉性強或飄晃度大的球，達到直接得分或破壞對方一傳的目的。

（2）控制球的落點。

①將球發到對方兩個隊員之間、邊線或後場端線附近，增加對方接發球的難度。

②將球發給接發球差或體力差的對方隊員，造成其接發球失誤。

（3）利用自然條件改變發球的方法。

①改變發球的位置。

②改變發球的弧度。

③改變發球的速度。

（4）適時變換發球，增強攻擊性和提高準確性。

3.選擇落點

強調落點實際上是強調找對方的弱區、弱人發球。這一般是根據對方站位形成的弱點來進行的。有以下幾種情況可以借鑒：

發向空檔較大的區域，如對方隊員集中在後區時可發前區網前球。

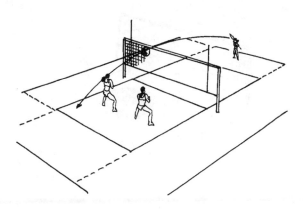

如對方隊員站位靠前可發後區球。

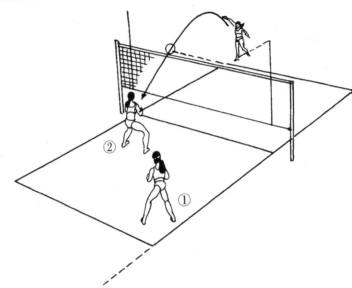

　　一般地說對方場上兩名隊員在接發球能力上肯定是有
差異的，發球時，要善於找弱人發球，如上圖中②號隊員
一傳技術較差，發球時應多找他。

　　另外，將球發向對方兩人之間的連續區上，往往可造

成一傳任務不明確，導致搶球失誤或組織進攻上的不得力。

當然，將球發給能傳球，但進攻差的隊員，也是削弱對方攻擊力的一種發球方法。

下圖中②號隊員進攻能力強，但球不發給他，他只能接應①號隊員的一傳，而將球傳給①號隊員進攻，這樣實際上就削弱了對方的攻擊性。

發球力量強弱結合落點變化，是發球攻擊性的又一體現。

下圖中 A、B 兩線為大力發，突然改變為 C 線輕發前區，往往會使對方不適應，無準備，增加發球的突然性，同樣具有攻擊性。

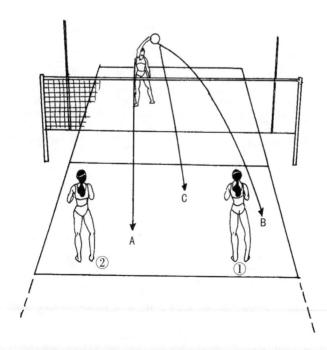

（十二）發球練習方法

1.拋球練習

在準備姿勢的基礎上，專門進行拋球的練習。注意拋球的位置和高度要適當。應多掌握幾種拋球技術方法，以便在不同天氣變化中採用針對性的發球技術。

2.模仿揮臂動作擊打固定球

可以擊打固定的吊球或自己用一手扶球靠在牆上代替固定球進行擊打。注意擊球的後中下部，觸球時手型和手法正確，調整並固定擊球點的高度。

3.拋球配合手臂動作的練習

拋球後做揮臂動作，但不將球擊出。注意熟悉由拋球至揮臂擊球之間的時間節奏和動作的連貫性。

4.對牆發球

離牆 6 公尺開始，逐漸加長距離至 9 公尺或 11 公尺。注意拋球的位置與高度適當，每次要擊準球。

5.隔網發球

準備 10 個球，設定發球的區域或目標，練習發球的準確性。

三、墊 球

用兩小臂合成的平面，並以小臂前部還擊來球，借助球自身的反彈力來擊球的動作方法叫墊球技術。

墊球是比賽中運用最廣泛的基本技術，墊球多用前臂和手的堅硬部位擊球，是控制範圍最大，運用最靈活的技

術，墊球能接各種性能的球，在比賽中扮演多種角色，具有防守、進攻、二傳的作用。

防守：墊球在比賽中主要用於接發球、接扣球、接攔回球，以及防守各種困難球。接好一傳球，有利於保證組織一攻和反攻等戰術的質量。

進攻：比賽中有意識地將球墊入對方前場或後場的空檔處，能起到突然進攻的效果。

二傳：因為每隊只有 2 名隊員參加比賽，所以一傳的到位率相對較低，接二次球的傳球隊員移動來不及採用上手傳球時，墊球常常用來作二傳，也稱墊二傳。墊二傳技

75

第 *2* 章　沙灘排球基本技術

墊球是比賽中運用最廣泛的基本技術

術在沙灘排球比賽中，為同伴創造進攻機會運用得較多。

（一）墊球技術分析

1.準備姿勢

正對來球成半蹲準備姿勢。

2.基本手型

除單手墊球和擋球外，一般有以下三種：

（1）抱拳式

雙手抱拳互握，兩拇指平行向前。

（2）疊掌式

兩手掌根緊靠，兩手手指重疊後合掌互握，兩拇指平行。

（3）互靠式

兩手腕部緊靠，兩手自然放鬆。

無論什麼手型，都應注意手腕下壓，兩臂外翻形成一平面。

抱拳式

互靠式

疊掌式

3.擊球部位

當球飛到腰腹前一臂之距，兩臂夾緊，前伸。插到球下，向前上方蹬地抬臂，用前臂腕關節以上 10 公分左右，橈骨內側平面，迎擊來球。墊擊球的後下部，身體重心隨擊球動作向前移動。擊球應保持在腹前兩膝之間，用腰部的轉動來控制墊擊的方向。

將擊球點保持在腹前，便於控制手臂與地面的角度；便於觀察來球；便於運用身體的協調力量，提高墊球的準確性。

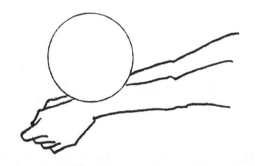

手腕下壓，兩臂外翻，看準來球，兩臂夾緊前伸，擊球的後下部，使球向自己的方向旋轉。

4.墊擊角度

手臂形態墊擊面與地面的夾角叫墊擊角。墊球時要根據來球的角度和墊出的方向，來調整墊擊角度和墊擊面的方向。如來球弧度較平、墊出球的弧度平、距離遠，墊擊角應大；反之，應小。墊擊時應根據這個原理去控制墊擊的動作。

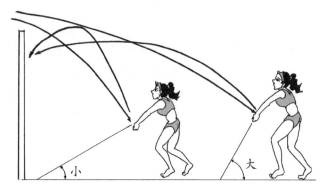

小　　大

5.墊擊用力

墊球是靠來球的慣性力與手臂碰撞後產生的反彈力，以及墊球人主動用力將球墊起的。對力量、速度一般的來球，擊球主要靠手臂上抬的力量，增加球的反彈力。同時配合蹬地、伸膝、伸髖、提肩的動作，使身體重心向前上方移動。擊球前整個手臂適當放鬆，便於靈活地控制墊球的方向和力量。

6.技術要點

（1）準備姿勢的高低應根據來球的高低、角度及隊員腿部力量的大小來決定，在不影響快速起動的前提下，重心應適當降低，有利於雙手插到球下，同時也便於低墊高擋。

（2）觸球部位在腕關節以上10公分左右的橈骨內側平面，因為該處面積大而平，肌肉富有彈性，可適度緩衝來球力量，起球比較穩、準。

（3）擊球點保持在腹前一臂距離，便於控制用力大小、調整手臂擊球角度和控制球的落點及方向。

（4）擊球的用力方法和大小應根據來球的力量、弧度

不同而有所變化。

墊輕球時，主要靠手臂上抬力量，以增加反彈力，如果需要把球墊得較高、較遠，在適當加大抬臂動作的同時，還要靠蹬地、跟腰、提肩動作的協調配合。墊中等力量來球時，由於來球有一定力量，因此，迎擊球的動作要小，速度要慢，主要靠來球本身的反彈力，以免彈力過大。墊重球時，不但不能主動用力擊球，而且手臂還要隨球後撤，達到緩衝的目的。因此，墊球用力的大小應與來球力量成反比，同墊出球的距離和弧度成正比。

來球弧度不同，墊球用力方法也不同。如來球過高，墊球時可利用伸膝、蹬腿來提高身體的重心，必要時還可稍稍跳起墊球，以保持正確的擊球點；如果來球較低，可採用低蹲墊球。

（5）手臂的角度與來球弧度、旋轉及墊球目標、位置有關。

①來球弧度高，手臂應當抬得平些；來球弧度低平，則手臂與地面夾角應大些。這樣才能使球以適當弧度反彈飛向目標。

②墊球的目標在側前方時，手臂的墊擊面一定要適當轉向側前方的墊擊目標。

③來球帶有較強的旋轉時，應調節手臂形成的平面，以抵消由旋轉引起的摩擦。

（二）常用墊球技術

1.正面雙手墊球

正面雙手墊球是最基本的墊球方法，是各項墊球技術

的基礎。正面雙手墊球正對墊球方向，手臂墊球的面積大，是墊球中控制球最穩的一項技術，適用於接各種發球、扣球、攔回球，也可以墊二傳用於組織進攻等。

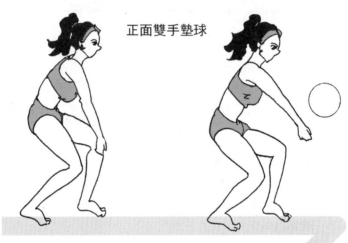

正面雙手墊球

2.體側雙手墊球

體側雙手墊球特點是伸臂動作快，控制範圍大，但不易控制墊球方向，準確性不及正面墊球。在來不及正面墊球的情況下，採用體側墊球。

　　當來球向接球隊員的左側飛來，右腳前掌內側蹬地，左腳向左跨出一步，重心隨即移到左腳上，左膝彎曲。同時兩臂夾緊向左伸出，右肩微向下傾斜，用向右轉腰和收腹動作，配合兩臂自左後方，向前截住球飛行的路線，用兩前臂墊擊球的後下部。切忌隨球向左側擺臂擊球，這樣容易把球蹭飛。當來球在體側較高位時，兩前臂靠攏，向側方向截擊來球。擊球一側肩做向上回旋，異側肩做向下回旋。同時腰部轉動配合兩臂形成理想的擊球反彈面，將球墊起。

用兩臂墊擊球的下部

【要點】

①擊球前身體與手臂形成傾斜的角度，攔擊來球。

②調整控制好球的方向，向墊擊的目標用力。

3.低姿墊球

　　當來球很低，隊員深蹲，降低身體重心，雙手貼近地面向上墊擊，叫低姿墊球，低姿墊球有幾種方法：

（1）低蹲墊球

　　來球在身體附近較低時，隊員迅速移動到球的落點上，隨即降低重心。上體前傾，手臂貼地面插至球下，跨

出腿膝稍朝外，蹬地腿自然彎曲（或大小腿互貼），腳內側著地，主要靠球的反彈力墊球。當來球力量小時，為了將球墊高，還可用屈肘、翹腕動作。

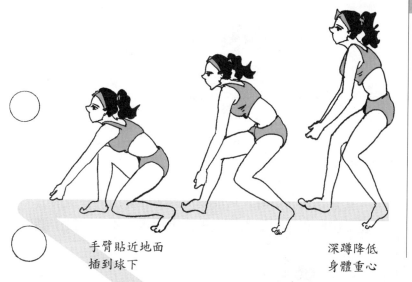

手臂貼近地面
插到球下

深蹲降低
身體重心

墊擊後迅速起身

雙臂合攏，用小臂或
虎口上部擊球後部

（2）前跨墊球

當來球低而遠時，可向前跨出一大步，屈膝制動，重心落在跨出腿上。上體前傾，臀部下降，兩臂插入球下，用前臂墊擊球的後下部。

（3）半跪墊球

當來球低而遠時，可前腿深蹲，膝關節向外側前方，後腿腳內側和膝關節內側在地面上取得一穩定支點，猶如

半跪。上體充分前壓，塌腰塌肩，兩臂屈肘由兩膝間與地面幾乎平行地向球下伸去墊擊，也可用翹腕手法墊擊。

4.跨步墊球

當來球離身體一步左右，但速度較快或部位較低，來不及移動對正球時，隊員迅速向前或向側跨步墊球的動作叫跨步墊球。跨步墊球在接發球和防守中運用較多。跨步後可以降低重心，有利於墊低球。跨步墊球是各種倒地墊球動作的基礎。

跨步墊球分前跨步和側跨步。做側跨墊球時，向側跨出一大步，屈膝制動，重心移動至跨出腿上。由於擊球部位在體側，所以，墊擊時手臂的墊擊面與體側墊球相似。

【要點】

①在向左右兩側斜前方跨步墊球時，跨出腳必須是跨出方向的同側腳。

②跨步時，身體應向前下壓出，不要向前上方跳跨，以免影響移動速度。

5.背　墊

　　從身前向背後墊球稱背墊。一般在球飛得遠而又無法
進行正面墊球時採用。第三次擊球過網時也可採用。

　　背墊時，要判斷好球的飛行方向，迅速移動到球的落
點處，背對出球的方向，兩前臂併攏迅速插入球的下部，
蹬腿、抬頭、挺胸、展腹後仰，直臂向後上方墊擊抬送
球。在背墊低球時，也可屈肘和翹腕。

準確判斷來球　　　直臂向後上　　　隨球動作
落點，背對出　　　方抬送球　　　　非常重要
球方向，兩臂
夾緊直插球下

6.單手墊球

當來球快速飛向體側較遠處，來不及用雙手墊球時採用。單手墊球的優點是動作快，手臂伸得遠，可以擴大控制範圍。不足方面是擊球面積小，控制能力差，應在無法用雙手墊球的情況下採用。

單手墊球可以起到擴大防守和保護範圍的作用，但由於手臂擊球面積小，不容易控制球。

單手墊球的擊球手型

　　單手墊球的擊球手型很多，以適合不同來球的需要。如前臂內側、掌根、虎口、半握拳可用來擊兩側球；用虎口、掌背（同時翹腕）、半握拳虎口可用來擊前面低球；用掌背鏟擊低而速度很快的來球在很低部位，肘關節在接近地面的情況下迅速前插，用掌背插擊球，使球產生後旋的墊擊動作謂之鏟球。

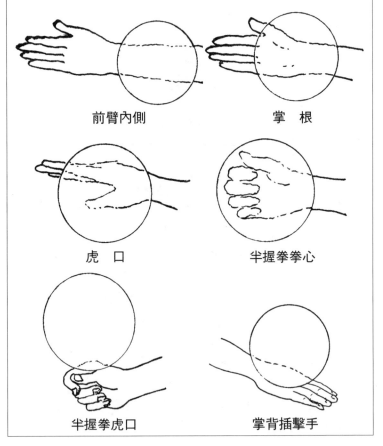

前臂內側　　　　　　　　掌　根

虎　口　　　　　　　　半握拳拳心

半握拳虎口　　　　　　掌背插擊手

在運用單手墊球時可用多種移動步法接近來球。如球飛向右側，則最後右腳跨出一大步，上體向右傾斜，右臂伸直，自右後方向前擺動，用相應的墊擊手型做墊擊。如球在體側遠處，用跑步仍來不及時，也可向側躍出用單手擊球。

【要點】

注意擊球的手法，虎口球的面積大，手腕在擊球的過程中能做微調控制。

7.側臥墊球

接體側低遠球時，身體向側伸展，擊球後身體側轉，順勢側臥在沙地上。其特點是能充分利用伸展身體動作擴大防守的範圍，動作快，能及時搶救險球。在沙地上不需顧慮身體摔得疼痛或受傷。側臥墊球有雙手、單手兩種。

側臥墊球用來接側面低運球。擊球前先向側面（或側前）跨出一大步成深側弓箭步，重心下降移到跨出腿上，由跨出腳蹬地，使上體向側面伸展騰出，擊球手臂前伸，插入球下將球墊起，同時身體向側轉動，手臂不回收以體側著地成側臥姿勢滑動。做側臥墊球時，可用雙手墊擊也可用單手墊擊。

【要點】

①側臥墊球的動作順序：一跨步、二擊球、三轉體、四臥地。

②動作完成後，以收腿和兩手撐地幫助快速起立，連接下一個動作。

8.前撲墊球

當隊員來不及移動接前方或斜前方低遠來球時，身體向前下方撲出，擊球後失去平衡，向前順勢撲在沙地上，手臂屈肘撐地。它的特點是，重心下降快，前撲距離遠，是沙地救險球普遍採用的方法。根據來球情況，前撲墊球可用雙手或單手擊球。

（1）雙手前撲墊球

前撲墊球多用於防前方低遠球，一般多以雙手墊擊。前撲墊球的準備姿勢要低，上體前傾，重心偏前，兩腳先後蹬地。身體從低處水平向前方伸展，雙臂插入球下，用雙手的前臂虎口將球墊起，擊球後兩手迅速撐地，兩肘順勢彎曲緩衝，膝直伸以免觸地，胸腹可以觸地。

（2）單手前撲墊球

前撲墊球也可用單手向前盡量伸展擊球，另一手屈肘撐地緩衝，胸腹著地後向前滑行。

【要點】

前撲墊球一般按跑步移動後的跨步動作方法，學習時注意跨出腿的繼續蹬地動作。

9.魚躍墊球

　　球較遠時，來不及移動到位，採用向前猛然躍出，像魚兒躍出水面，在空中完成擊球動作，故稱為魚躍墊球。其特點是防守的控制範圍大，但動作難度較大，需要運動員有勇敢精神，有較強的腰背、手腕肌肉力量，有靈敏素質。這一技術在室內排球比賽中多用於男隊員，由於沙灘排球比賽其沙地柔軟的優勢和防守面積大的需要，這一技術在女隊員中也廣為採用。主要用於接吊球和其他突然飛

向遠距離的球。

　　採用半蹲準備姿勢，上體前傾，重心前移，向前做一兩步助跑或原地用力蹬地，使身體向來球方向騰空躍出，手臂向前伸展，插到球下，用單手或雙手擊球的後下部。

　　擊球後，雙手在體前身體重心運動的方向線上著地支撐，兩肘緩慢彎曲，同時抬頭、挺胸、展腹，兩腿自然彎曲，使身體成反弓形，手、胸、腹、大腿依次著地。如前衝大時，可在兩手著地支撐後，立即向後做推撐動作，使胸、腹著地後，貼著地面順勢向前滑行。

　　為了魚躍墊球動作合理的落地，在空中擊球後，要有一個潛入式動作。手的支撐點要在身體重心運動的方向線上，手的支撐點太後容易造成身體前翻折腰，手的支撐點太前容易造成身體平落。

支撐點正確

易造成身體
前翻折腰

支撐點太靠後

易造成身體平落

支撐點太靠前

10. 擋　球

用雙手或單手在胸部以上部位擋擊來球稱為擋球或「戰斧式」擊球。這一技術在室內排球比賽中主要用於接高弧度、速度快、力量大、不便於傳球和墊球的來球。在沙灘排球的比賽中，這一技術有了新的發展和創新，運用的範圍更廣，主動性更強，作用越來越大，已成為沙灘排球比賽中防守或傳球的重要戰術之一。具體應用在以下幾個方面：①接高於頭部、速度較慢的發球；②接對正遠離網前，並準備做假動作或墊、傳高於頭部且威脅性較大的來球；③進攻隊員助跑中救同伴傳球質量不高的球；④防守位置壓得靠前時，接位置高於肩部的球。

（1）特　點

伸手動作快，擋擊胸部及肩部以上高度的來球較方便，可以擴大防守範圍，是對沙地不宜後退移動墊球的重要補充。擋球有雙手擋球和單手擋球兩種。

（2）動作方法

雙手擋球多用來擋擊胸部以上的速度快且力量大的來球。一般常用兩種手型。

抱拳式

併掌式

①抱拳式

兩肘彎曲，一手半握拳，另一手外包，兩掌外側朝前擊球。

②併掌式

兩肘彎曲，兩虎口交叉，兩掌外側朝前，合成勹型。擋球時屈肘，使肘朝前，腕後仰，以掌外側或掌外側與掌根組成的平面擋接球的後下部，擊球瞬間手腕要緊張，用力適度，擊球在額前或兩側肩上。

【要點】

擋球在沙灘排球比賽中運用率較高。善於擋球的隊員，防守時可大膽前壓，減小防守的面積，提高前區的防守效果。應加強擋球動作的學習和運用意識的培養。擊球動作中應注意身體、手臂和手腕的協調用力，有意識向擋球目標擊送球。

11.身體其他部位墊球

當來球速度快，突然性大，防守隊員來不及採用其他技術墊球時，針對突然來球的情況，身體各部位應做出應急的擊球動作。上臂外側、胸部、頭部、腳背、腳外側等部位擊球都屬於應急動作的反應，所以來不及多加準備。但在突然使用這些技術時，應配合身體向上協調用力，將球向高處墊起，以便同伴隊員接應。

（三）墊球練習

墊球技術在比賽中運用極廣，優秀運動員要能接對方

種種來球。但墊球技術的難點是很難控制球的力量、方位和落點。因此，墊球練習時，如何掌握球性就成了追求的目標。

〔練習1〕

單、雙臂連續向上墊球。

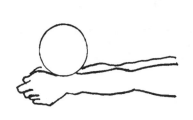

〔練習2〕

一人一球分散在場內進行練習。練習時可提出些要求，如單臂做，兩臂交換做，身體轉動方向做，不同高度墊，不移動墊，前進和後退墊球等。

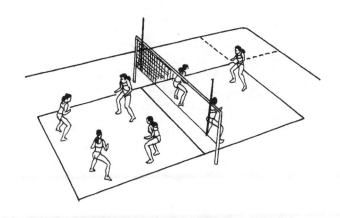

〔練習3〕

兩人一組，一拋一墊。

【要求】拋準，墊到位。

〔練習4〕

兩人一組連續墊球。

【要求】墊準，少間斷。

〔練習 5〕

移動墊拋球。

【要求】拋球者要根據對方的能力，並由易到難的進行。10 個球後交換做。

〔練習 6〕

連續移動墊定位拋球。

【要求】移動站穩後墊球，墊到位。

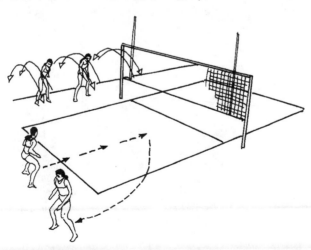

〔練習7〕

一人連續墊兩個交替拋球。

【要求】掌握連續拋球的速度和節奏,墊球人反應要快,墊球要準。

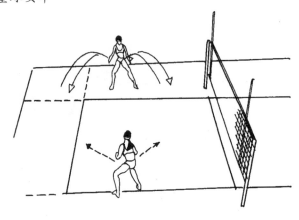

〔練習8〕

向兩側跑動墊球。

【要求】拋球人掌握難度,墊球時跑動要快,取位要準,墊球要到位。拋球人固定,定時換墊球人,墊球後跑向排尾。

〔練習 9〕

改變方向墊球。

【要求】移動對準來球，身體轉向墊球，墊到位。

〔練習 10〕

兩人一球，一發一墊。

【要求】兩人一球，發球由輕到重，力求發準。墊球時，球有一定高度和弧度。

〔練習 11〕

輪流墊教練的發球。

【要求】教練發球時，可根據隊員的情況，在發球的力量、性能上加以區別，同時要求墊球落點在中場附近，且有一定的高度。

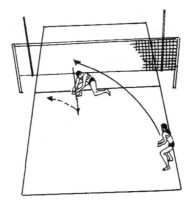

〔練習 12〕

兩人輪流墊直線發球。

【要求】墊起的球必須落在指定區域附近，且有一定的高度。

〔練習 13〕

兩組同時進行練習。

【要求】採用 3 分鐘按逆時針方向轉動換組。

〔練習 14〕

兩人輪流墊教練員的大力、性能強的發球。

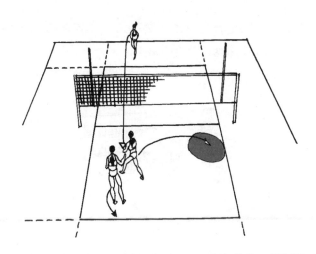

〔練習 15〕

墊扣球練習。

〔練習 16〕

墊拋扣球。

【要求】拋起扣向對方，墊球向前上方高處，扣球力量逐漸增大，扣球落點逐漸變化。

〔練習 17〕

墊斜線扣球。

【要求】先要求扣準，墊球必須墊在指定範圍內，扣球逐步加重，要求起球有高度，落點靠前就行。

四、傳　球

傳球在沙灘排球比賽中有其自身的特性。因沙灘排球比賽場地與室內排球比賽場地面積相同，而人數只有室內 6 人制排球比賽人數的 1／3，為有利於這項運動的開展，提高比賽的精采性和觀賞性，傳球技術在 6 人制排球比賽中運用靈活性大，隱蔽性強的特點，在沙灘排球比賽中進行了有效的限制。

根據比賽規則的要求，傳球在沙灘排球比賽中運用在本場區內傳球和進攻性傳球兩類。

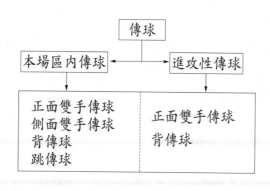

（一）傳球在比賽中的作用

1.本場區內傳球

主要用於二傳。二傳是指把同伴防起來的球傳給同伴扣球，為進攻創造條件的傳球。

好的二傳能夠彌補一傳的不足，給扣球創造有利的進攻條件，能充分發揮扣球水準。另外，這種傳球有時也用來接對方的推攻球、扣球等。

2.進攻性傳球

它的作用就是用傳球技術向對方進攻。進攻時應符合規則的要求，即規則規定隊員雙手傳球的軌跡必須垂直於雙肩的連線。所以，傳球的目標明確，在運用中應根據戰術的需要傳球。當對方2名隊員都集中在前場區或後場區或左邊區或右邊區時，應及時傳球吊空檔，使對方難以防守。當傳球隊員來不及將身體調整正對傳球方向時，應採用其他技術進攻，以免造成傳球犯規。

（二）傳球基本技術

1.正面雙手傳球

面對目標的傳球稱為正面傳球。這是傳球中最基本的傳球方法，也是應用最多的技術。既可以用作本場區內傳球，也可以用作進攻性傳球。在本場區，主要用於二傳球，有時也接對方弧度較高的來球。因擊球時面對傳球，易掌握傳球的方向，控制球的準確性和穩定性高，是其他各項傳球技術的基礎。

準備要充分

額前迎擊球

觸球手分開

蹬地伸臂送　　　　　　　　　指腕緩衝彈

（1）準備姿勢

看清來球後，迅速移動到球的落點處，調整身體，面對傳球方向。傳球前採用稍蹲準備姿勢，身體站穩，上體適當挺起看球，雙手自然抬起，兩肘適當分開，稍比肩寬，放鬆置於臉前。

（2）擊球點

在臉前下額處。

（3）手　型

擊球前的瞬間兩手自然張開成半球形，做好擊球手型的準備。觸球時，手型與球吻合，即手腕稍後仰，兩拇指相對接近「一」字型，以拇指內側、食指全部和中指的二、三指節觸球的後下部，無名指和小指在球兩側輔助控制球的方向，手指、手腕保持適當的緊張。

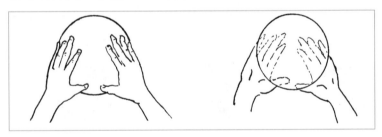

（4）用　力

當球接近額前時，兩手前臂隨球向下緩衝，前臂與上臂夾角小於90度。觸球時，開始蹬地、伸膝、伸臂，最後用手指、手腕的彈力，將球向前上方傳出。用力動作要協調一致。

（5）技術要點

①沙灘排球傳球動作與室內排球動作有一定的區別，

沙灘排球傳球動作與室內排球傳球動作的區別			
項目＼技術點	擊球點	擊球前手臂	身體用力	控制球
沙灘排球	在臉前下額處	前臂緩衝，前臂與上臂夾角小於90度伸臂迎擊球，前臂與上臂夾角大於或接近90度	蹬地與擊球同時發力先蹬地、伸膝後迎擊球	用手指、手腕、前臂緩衝用手指、手腕緩衝
室內6人制排球	額前上方約一球距離			

在教學時應強調其不同點。

②進攻性傳球時，特別要調整好身體正對傳球方向，使傳出球的軌跡垂直於兩肩的連線，以免造成進攻性擊球犯規。

③拇指相對成「一」字形或「八」字形傳球，使手型與球體較吻合，觸球面積比較大，容易控制球，增加傳球的準確性。同時，由於觸球面積大，有利於緩衝來球力量。

④傳球所需要的力量是由多種力量合成的，如：伸腿蹬地的力量，伸臂的力量，手指、手腕的力量，以及球的反彈力，要根據來球的具體情況及傳球的要求，採用不同的動作方法，運用不同的力量擊球。

⑤擊球點在額前上方一球距離處，便於觀察來球和傳球目標，有利於控制傳球的準確性，同時有利於伸臂擊球。

2.側面雙手傳球

身體側對傳球目標，在身體不轉動的情況下，靠身體及雙臂向側方用力傳球的動作為側傳球。在移動來不及將身體轉向正面傳球方向時，用側傳球的方法能及時地調整二傳，以利於扣球隊員及時進攻，側面傳球的穩定性不及

側面雙手墊球

正面傳球高，並只限於在本場區內的傳球。

【要點】

側面傳球身體動作是向傳球方向側面用力，因沙地流動的不穩定性，所以在傳球時，特別要注意保持身體蹬地用力的平衡，以保證傳球的穩定性、準確性。

3.背　傳

背對傳球目標的傳球稱為背傳。背傳在室內排球比賽中應用廣泛，具有隱蔽性、突然性的特點。沙灘排球是 2 人參與比賽，扣球無需掩護，加上規則對進攻性傳球的限制，背傳就失去了在室內排球比賽中的特點。

但背傳在沙灘排球比賽中仍有自身的用武之地，背傳在本場區可做二傳，打出 2 人配合的戰術球。在近網區，背傳也可做進攻，運用二傳球突然吊球。對於遠網球或第三次擊球，則不宜採用背傳進攻。

【要點】

　①背傳前要移動到球下，調整好身體，背部正對傳球方向。

　②注意身體的蹬伸與手臂向後上方傳球的角度，控制住球的重心。

4.跳傳球

　　跳起在空中傳球為跳傳球。跳傳球主要用以截擊衝向網上的或被風吹向網上的球，也可以傳弧度較高的球，在沙灘排球比賽中，為了節省體力，應根據比賽的需要，選用跳傳球。

【要點】

跳傳球的關鍵在於掌握起跳的時間。起跳過早，
容易造成身體下落時傳球，不便用力；起跳過晚，影
響傳球時機。

正傳、背傳、側傳、跳傳技術動作分析

	傳球準備姿勢	迎 球	手型擊球點		用 力	傳球
正面傳球	稍蹲準備姿勢，上體抬起，但身體重心不後移抬頭看球，屈肘，雙手自然抬起，放鬆置於臉前。	當來球接近額前時，開始蹬地伸膝、伸臂、兩手微張從臉前向前上方迎球，全身各部位動作應協調一致。	傳球手型	在額前方約一距離處。	做傳球動作時全身各部位要協發力，主要依靠伸臂配合蹬地將球傳出。	立即為下一動作做好準備，如隨球去保護、接應。
背傳	上體比正面傳球時稍後仰，身體重心在兩腿中間，不偏前，雙手自然抬起，放鬆置於臉前。	挺胸、上體後屈、抬上臂。	傳球手型，但觸球時，手腕主動適當後仰，以便傳球時能托住球的底部。	在額上方，比正傳時偏後。	靠蹬腿、展腹、抬臂、伸肘，由指腕彈力把球向後方傳出，手腕要始終保持後仰，大拇指應多發力。	應立即轉身去保護或接應其它動作。
側傳	同正面傳球	同正面傳球	傳球手型	基本同正面傳球，但稍偏向傳出一側。	雙臂要向傳出方向一側伸展，傳球方向的異側手臂要更大伸展和用力，同時伴隨上體向傳出方向側屈。	要轉身移動做下一動作的準備。
跳傳	雙臂向上擺動幫助起跳後，順勢舉在臉前，身體在空中保持好平衡（可做展腹屈小腿或收腹屈小腿）。	當跳起作正、背、側傳時，迎球動作同正、背、側傳的迎球動作。	跳起正傳背傳、側傳時，手型與原地正傳、側傳時相同。	跳起做正、背、側傳時，擊球點比原地正、背、側傳稍低。	主要靠加速伸臂來完成，臂要充分伸展，在正傳時應主動屈指、屈腕。	要採取最有利於接下一動作準備姿勢的動作落地。

（三）傳球練習

　　傳球在比賽中主要用於組織進攻，根據進攻的要求，傳出球的高度、弧度、速度、落點都要能符合進攻的需要，而且還能適合進攻者的個人特點。為達到這個目的，傳球必須在掌握動作規範的基礎上，高度控制球的性能，使之達到隨心所欲的境地。

〔練習 1〕

連續向上自傳球。

一人一球，在場內連續自傳。教練員可在傳球的高度上有所規定，還可在連續傳球中，邊轉動身體方向邊傳球。但要提示不要相互碰撞。

〔練習 2〕

對牆、對物連續傳反彈球。一人一球，自找牆物傳球，要求有連續性。身體離牆的距離，可在傳球過程中移動變化，傳球高度亦可變換。目的是為了能控制球性。

〔練習 3〕

對牆上目標連續準確性傳球。

要求隊員高度控制球性，為保持擊球點，要在移動的基礎上傳球。可多人輪流傳球（傳球後接排尾）。

〔練習 4〕

在連續傳球中不斷改變傳球方向。

練習時，要求身體先對準球的落點，然後轉向傳球方向再將球傳出。

〔練習 5〕

兩人傳球。

自拋自傳給對方。

第2章 沙灘排球基本技術

〔練習 6〕
接對方拋球傳回。

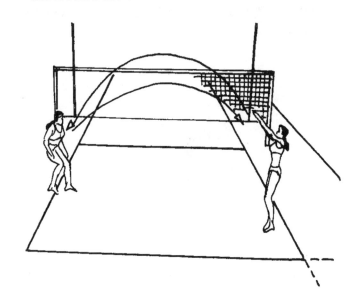

〔練習 7〕
兩人面對連續傳球。

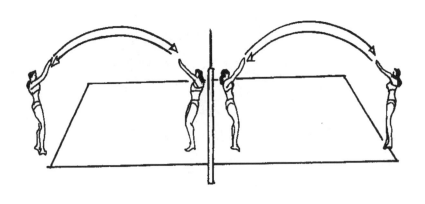

五、扣　球

在沙灘排球比賽中的扣球與室內比賽中的扣球相比，從技術到技術的運用上都有較大的區別。它需要眼、手出色的配合，全身各部位之間的協調平衡和速度上的良好把握。在比賽中，能否在傳球不到位的情況下，保證扣球的質量，是衡量一個選手水準高低的標誌。最棒的扣球手應該是能對付各種情況下的傳球，即使在傳球不到位的情況下也能變被動為主動，同樣獲得比賽的成功。

（一）扣球技術分析

1.準備姿勢

扣球手在接起對方擊過網的球後，應及時轉入扣球前的準備。在傳球手做調整球這幾秒鐘的時間裡，扣球手應處於稍蹲準備的狀態。眼和頭要有目的地轉動，留心傳球的速度，預測球傳到的位置，並隨傳出球的方向移動，緊跟球做助跑起跳前的準備。

2.助　跑

助跑的作用是為了接近球，選擇適宜的起跳地點。沙灘排球比賽扣球者一般在距網 7 公尺左右處防守，再到前場扣球。移動的距離多在 5～6 公尺以上。因此，助跑的時機、方向、步法、速度、節奏，都應根據傳球的方向、高度、弧度、速度而定。由於二傳球的情況多變，助跑步法應力求靈活，適應性強。

助跑步數要根據球的距離和個人習慣，選用一步、二

步、三步或多步助跑方法。一般採用兩步助跑，助跑時，身體重心先前傾，隨之左腳向前邁出一步，出右腳迅速蹬地向前跨出一大步，並用腳跟過渡到全腳掌著地，左腳及時並上，踏在右腳之前，兩腳與肩同寬，身體重心隨之下降，兩膝彎曲，當右腳腳跟著地時，手臂在後面處於最高位置，準備起跳時擺動。

（1）助跑的節奏

應先慢後快。如一傳出手後，就可開始緩慢輕鬆的移動，然後根據二傳的情況逐步加快步伐以尋找起跳時機和地點。有時也可加快助跑的節奏，以爭取時間和空間。

助　跑

（2）助跑的時機

助跑的時機取決於二傳球的高度、速度，以及扣球隊員的個人動作特點。二傳球低時，助跑起動要早些，球高則要晚些；動作慢的隊員可早些起動，動作快的隊員則可晚些起動。

（3）助跑的路線

助跑的路線應根據傳球的落點來決定。以4號位扣球為例，扣集中球時，應採用斜線助跑，扣一般球時採用直線助跑，扣拉開球時則採用外繞助跑。

3.起　跳

因為助跑、起跳都是在鬆軟沙面上進行的，在起跳時，不能向在地板上那樣跨大步降低重心制動。因為作用力大，會使兩腳插入沙裡更深，不便於向上起跳，所以最後一步起跳步不宜過大。根據沙地這一特徵，起跳時，應加強兩臂自後向前積極擺動，隨著雙腳蹬地，臀部上提，向上起跳，兩臂配合，用力向上擺動。起跳準而快，把握扣殺的最佳時機。

4.空中擊球

沙灘上起跳有一定阻力，彈跳高度受到影響，所以，空中的動作不能像室內排球比賽扣球那樣，在空中滯空時間長，能充分利用挺胸，展腹，引臂動作擊球。沙灘排球扣球在空中展腹，引臂動作幅度要小，動作要快

空中擊球

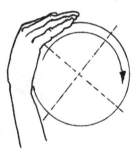

全手掌包滿球,擊球後
中部,同時主動用力屈
腕、屈指向前推壓

捷,才能抓住最佳的擊球時機,保證扣球力量。

　　起跳後,上體稍向右轉,右臂向後上方抬起,身體成反弓形。揮臂時,以迅速轉體、收腹動作發力,依次帶動肩、肘、腕各部位關節成鞭甩動作向前上方揮動。在手臂揮至右肩前上方最高點時擊球。

　　擊球時,五指微張成勺型,並保持緊張,以全手掌包滿球,掌心為擊球中心,擊球的後中部,同時主動用力屈腕、屈指向前推壓,使扣出的球加速上旋。

　　5.落　地

　　落地時,前腳掌先著地,保持身體的平衡,並迅速調

整身體，準備下一個動作。

（二）扣球基本技術

1.正面扣球

正面扣球由於面對球網，便於觀察，準確性高，運用廣泛。正面扣球的揮臂動作靈活，能根據對方防守情況，隨時改變扣球路線和力量，控制落點，因而進攻效果好。初學者必須首先學習正面扣一般球的技術動作，掌握了紮實的基本功後，再學習其他扣球技術。

第2章　沙灘排球基本技術

2.勾手扣球

勾手扣球是起跳後，左肩對網，由轉體動作，帶動右臂向左上方揮動擊球的一種方法。這種扣球適合於遠網扣球或由後排調整過來的球。它可以擴大擊球範圍，並能彌補起跳過早或衝在球前起跳的缺陷。

助跑的最後一步，兩腳平行於中線，左肩對網完成起跳動作或起跳後在空中使左肩轉向球網。跳起後，上體稍後仰或稍向右轉，右肩下沉，當右臂隨著起跳動作擺至臉前時，迅速引至體側，手臂伸直，掌心向上，五指微張，手成勾形，同時，挺胸展腹。擊球時，利用向左轉體及收腹動作帶動伸直的手臂，由下經體側向上劃弧揮動，在頭的前上方最高點，用全手掌擊球的後中部。

3.小掄臂扣球

小掄臂扣球是以肘關節圍繞肩關節回旋做加速揮臂擊球的一種方法。這種扣球，手臂始終沿圓弧運動，掄臂幅度大，動作連貫，便於發揮手臂的揮動速度。

【要點】

助跑起跳與正面扣球動作相同。引臂時手臂屈肘，以肩關節為軸心，由後下方向前上方做回旋揮臂。

小掄臂扣球

4.單腳起跳扣球

單腳起跳扣球是指助跑後第二隻腳不再踏地面而直接向上擺動幫助起跳的一種扣球方法。由於單腳起跳下蹲較淺，又無明顯的制動過程，故比雙腳起跳速度更快，而且還能在空中移動，網上控制面積更大，具有很大的突然性。有時在來不及用雙腳起跳扣球時，也採用單腳起跳的方法。

採用與球網成小夾角或順網的一步、兩步或多步的助跑。助跑後，左腳跨出一大步，上體後傾，在右腿向前上方擺動的同時，左腿迅速蹬地起跳，兩臂配合擺動，幫助起跳。

（三）扣球技術的幾種變化

1.轉腕扣球

擊球前突然利用轉臂、轉腕動作，改變原來手臂的揮動方向來改變扣球路線的打法稱為轉腕扣球。

這種扣球力量雖然不大，但路線變化突然，易避開攔網。沙灘排球只有一人攔網，一人防守，更利於轉腕扣

球的運用。這種扣球的起跳與正面扣球的起跳相同，但擊球時，右肩向上提並稍向右轉，上體和頭部向左偏斜，前臂向外轉，手腕向右甩動，以全手掌擊球左側上方。這種打法可以在不同的位置上使用。

2.打手出界

扣球隊員有意識地使球觸擊攔網隊員的手後飛向場外的一種扣球方法，一般在二傳近網，落點在標誌杆附近時運用較多。

3.輕扣球

輕扣球是指隊員先做大力扣球動作，而在擊球前的一瞬間突然減慢手臂揮動速度，把球輕輕擊入對方空檔的一種扣球方法。這種扣球的助跑、起跳、揮臂都應與重扣球一樣逼真。但擊球前，手臂揮動速度突然減慢，手腕放

鬆，以全手掌包滿球，輕輕地向上方推搓，將球從對方攔網隊員手的上方，呈弧線擊入對方防守的空檔區。在一人攔網，一人防守的沙灘排球比賽中，採用輕扣球，利用手腕的主動變化，特別是在扣球路線變化打空檔，既省體力，又能收到意想不到的效果。比賽中，應注意輕扣球與重扣球相結合以取得更好的比賽效果。

4.吊　球

吊球是指進攻隊員在網的附近，高於球網的球以輕巧、靈活的單手擊球手法，使球避開或越過攔網者的手或網前無人時，將球吊入對方場區空檔的一種擊球方法。它是扣球的一種變化，也是一種輔助性的進攻戰術。

吊球從上向下用力，因而球過網的角度陡、路線短、落點靠前區。還可靠手腕的動作，隨時可以改變方向，容易避開攔網，打吊結合效果更佳。在沙灘排球比賽中，規則對吊球的手法進行了限制，規則規定隊員不允許用手指吊球完成進攻性擊球。沙灘排球的吊球手法有握拳式、眼鏡蛇式等。

5.轉體扣球

　　由改變上體原來方向而改變扣球路線的扣球為轉體扣球。轉體扣球與正面扣球動作大致相似。不同的是，將擊球點保持在左側前上方（以向左轉體扣球為例），擊球時，利用向左轉體和收腹的動作，帶動手臂向左揮動，以全手掌擊球的右上部來改變扣球方向。

（四）扣球技術的幾種運用

1.遠網扣球

球距網 1.5 公尺以外，為遠網扣球。這種球在沙灘排球比賽中出現較多。起跳時，擊球點保持在右肩前上方最高點，用全手掌擊球後中下部。擊球瞬間，揮臂動作要完整，並送球，手腕要有明顯推壓動作，使球急速上旋，以免扣出界外。

2.調整扣球

調整扣球是沙灘排球扣球的主要方式。在調整傳球不到位的情況下，保證扣球質量，往往是衡量一個選手水準高低的標誌。因沙灘排球比賽是 2 人制運動項目，所以在 1 名隊員防守起球後，球墊到本場區任何位置都必須由另 1 名隊員進行第二次的調整傳球。這樣，扣球隊員必須扣傳球調整球、扣墊二傳球調整球、扣一傳墊起的二次球。

由於各種傳球技術不同，使傳球的方向、弧度、落點不同，要求扣球隊員能善於調整助跑距離和方向，靈活地運用各種助跑、起跳方法，調整好人與球的距離，並能根據球和網的關係採用不同的擊球手法，來控制扣球的力量、路線和落點，因而扣球的難度較大。根據二傳球的情況，調整扣球可以採用原地起跳，一步、二步、多步起跳，側踏步跳，後撤步跳等。助跑起跳方法：在助跑時應邊看球邊調整身體方向和步法。若調整傳球與球網的夾角小，則採用斜線助跑即可。若調整傳球與球網的夾角大，則應外繞助跑。扣球動作與正面扣球相同。

3.扣快球

扣快球在沙灘排球比賽中，應用機會相對較少，但抓住對方處理過來的機會球扣快球，能達到出其不意的效果。尋找戰機扣快球，需要兩人潛移默化的配合，達到以快取勝的目的。扣快球是在二傳隊員傳球後或傳球的同時起跳，並迅速把傳來的低弧度球擊入對方場區的扣球方法。比賽中運用較多的有半快球、調整快球、遠網快球、單腳快球等。不管採用哪種快球，都應注意以下兩點：

第一，對助跑起跳的要求。助跑的步法輕鬆、快速、靈活、有節奏。起跳動作下蹲淺、起跳快，或採用單腳起

跳，提高起跳的節奏和速度。起跳時間要準確。

第二，對擊球動作的要求。上體動作和揮臂動作振幅要小，主要利用前臂和手腕加速甩動擊球。揮臂的時間要早，球來之前就要提前揮臂，球到時正好擊球。

（1）半快球

在二傳隊員附近起跳，扣超出網口兩個半球高度的球，叫半快球（又稱二點五扣球）。扣球時，當二傳出手後，立即起跳，當球升至最高點即發力揮臂，在球剛剛下落或尚未下落時，將球擊入對方區內。扣球動作與一般扣球動作相同，只是身體動作和揮臂幅度較小，為了避開對方攔網者，一般講有左、中、右三條擊球路線可供選擇。

（2）扣遠網快球

扣二傳傳出的距網 80 公分左右縱深上空的快速低弧度球為遠網快球。這種扣球可以擴大進攻範圍，改變進攻節奏，增加進攻的突然性。扣遠網扣球的助跑最後一步不宜過大，以便利用向前衝跳，使身體有一個略向前的飛行階段。遠網扣球的起跳位置一般距網 2 公尺以外。扣球時，利用收胸、收腹動作帶動手臂和手腕向前甩動，在頭的前上方以全手掌擊球的後上部，使球呈上旋過網。

（3）扣調整快球

一傳不到位，二傳把球調整到網口進行快球進攻，稱為調整快球。這種扣球可以擴大進攻範圍，增加進攻的突然性，但傳扣的難度較大，對起跳時間和地點的配合要求較高。扣調整快球要根據二傳的位置和傳球方向，選擇好助跑的角度、路線和起跳時間，在助跑中邊觀察邊判斷，助跑路線宜與網成小角度，並力爭保持在與二傳球飛行路線形成交叉點處起跳。起跳時，左肩斜對網，右臂隨來球

順勢向前揮動追擊球，在球飛至網口時，手腕迅速推壓將
球擊入對方場區。

（4）單腳快球

助跑起跳方法與單腳起跳扣高球相同，但助跑起跳的
速度和擊球動作的節奏都比單腳扣高球快，故不能提高起

跳。由於單腳起跳的助跑速度快，起跳容易前衝，因此起跳點要離二傳隊員稍遠，助跑的路線與網的夾角要小，注意落地動作，防止與二傳隊員相撞或過中線犯規。

（5）近體快球

在傳球隊員體前約 50 公分處起跳快速揮臂扣低傳球。擊球時，利用含胸、收腹動作，帶動前臂和手腕迅速鞭打，以全手掌擊球的後上部。

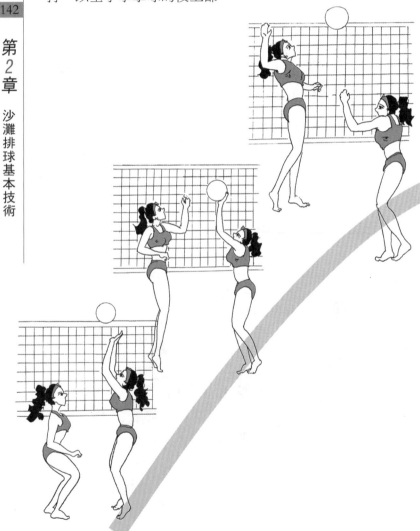

第 2 章　沙灘排球基本技術

（6）短平快球

在傳球隊員體前約 2 公尺處起跳，扣速度快、幅度低平的來球。助跑人與傳球人之間的夾角一般小於 45 度，與傳球出手同時起跳，在空中揮臂截擊平飛來球，以全掌擊球後上方。

（7）平拉開快球

在標誌杆附近扣順網傳來的平快球。

扣球前要向場外繞，腳幾乎踏著邊線起跳。要在助跑過程中，根據來球的高度、弧度、速度及時起跳扣球。

（8）背快球

在傳球隊員背後起跳扣快球，稱背快球。由於傳球隊員背向的原因，故扣球隊員要主動去配合，去適應傳球。

（9）自我掩護「時間差」扣球

　　按近體快球的方法助跑、擺臂，佯作起跳（只是伸膝但腳不離地），誘騙對方起跳攔網，待對方攔網隊員身體下落時，扣球隊員再真起跳扣低弧度球，這樣就在扣與攔的時間上形成了誤差。

（10）自我掩護「位置差」扣球

前提同「時間差」扣球一樣。不同之處在於做完第一次佯起跳動作後，立即助跑至傳球隊員背後去真起跳扣低球。

自我掩護「時間差」和「位置差」扣球時，關鍵在於佯做起跳動作要逼真，擺臂及上體動作要有振幅，起跳時間亦要及時、精確。

第2章 沙灘排球基本技術

（五）扣球個人戰術

1.任　務

適應同伴在各種情況下傳出的球，選擇合理的扣球技術路線，有效突破對方攔網。

2.扣球個人戰術運用

（1）避開對方攔網者的手扣球

選擇最佳路線扣球：對方攔斜線扣直線，攔直線扣斜線。

找最佳落點扣球：將球扣向對方無人防守的空檔。

沙灘排球比賽，只有兩人上場，除一人攔網外，另一人防守全場，場上到處是空隙。扣球進攻時，要善於觀察對方的無人防守區，找空檔扣球。如本方遠網進攻，而對方無人攔網，可採用大力扣後場兩個角，或用中等力量打前區。

（2）利用對方攔網者的手扣球進攻

當傳球近網，被高大隊員堵住扣球路線時，可利用對方攔網者的手，將球用力扣在攔網人手上、臂上，使球改變方向飛向場外，或碰臂而下至近網無法保護。

（六）扣球技術練習

沙灘排球比賽中，扣球位置零散多變，不可預測，大多數無法固定。要提高個人扣球的能力和水準，必須練好各種助跑起跳動作，以便靈活調整與球的關係，在這個基礎上發展個人特長，適合各種傳球情況下的需要。

1.最後一步起跳練習

在地上畫兩條相距 0.7 公尺的平行線，練習者做助跑

起跳最後一步踏跳練習，從 A 線
踏跳到 B 線上，轉身再踏跳回 A
線，連續進行。

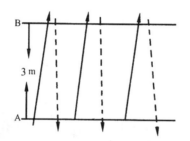

2.後退步接助跑起跳練習

在地上畫兩條相距 3 公尺的
平行線，從 A 線到 B 線做助跑起跳，然後快速後退至 A
線，緊接著再向前做助跑起跳，要求連續進行。

3.左右跨步起跳練習

在地上畫兩條相距 0.6 公
尺的平行線，連續做左右側
跨步起跳練習。向左跨步時
左腳先出步，向右跨步時右
腳先出步。

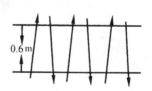

4.前後跨步起跳練習

地上畫兩條相距 0.7 公尺
的平行線，連續做前後跨步
的起跳。練習的重點是向前
跨步起跳。

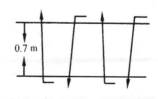

六、攔　網

　　靠近球網的隊員，將手伸向高於球網處阻攔對方來球並觸及球稱為攔網。攔網是沙灘排球比賽中攻防雙重兼顧的一項重要技術。攔網是防守的第一道防線，同時具有強烈的攻擊性，是得分和得發球權的重要手段。

攔網具有以下特點：

（1）攔網動作簡單易學，初學者很快就能學會，但在比賽中必須掌握正確的起跳時機和選擇最有利的堵攔面，以變應變，主動攔擊，才能奏效。

（2）在一個攔網動作中，球連續多次觸及攔網隊員身體各部位，不算連擊。攔網後，攔網隊員可以再次擊球。

（3）攔網既可以原地起跳，也可以移動助跑起跳。沙灘排球只有1名隊員攔網，1名隊員防守，根據扣球者距網的遠近，為了節省體力，選擇攔、防時機是非常重要的。因此，隊員應充分利用上述特點，不斷提高攔網水準。

（一）攔網技術分析

攔網技術動作可分為準備姿勢、移動、起跳、空中動作和落地五個互相銜接的部分。

1.準備姿勢

隊員面對球網，兩腳左右開立，約與肩同寬，距網30～40公分。兩膝微屈，兩臂屈肘置於胸前，隨時準備起跳或移動。

2.移　動

為了對正對方扣球點起跳，需要及時移動，常用的移動步法有一步、併步、交叉步、跑步等。無論採用哪種移動步法，都要做好制動動作，保持身體平衡向上起跳，避免觸網。

3.起　跳

原地起跳時，兩腿先屈下蹲，隨即用力蹬地。兩臂以肩發力，以上臂為半徑，在體側近身處，畫弧或前後擺動，迅速向上跳起。

4.空中動作

起跳時，兩手從前額沿球網向上方伸出，兩臂伸直並保持平衡，兩肩上提。攔網時，兩臂應伸過網去，在不觸網的情況下盡量去接近球。兩手自然張開，屈指屈腕成半球狀。當手觸球時，兩手要突然緊張，手腕下壓蓋在球的前方。

5.落　地

攔網後，要做含胸動作，以保持身體平衡。手臂要先後擺或上提，從網上收回至本方上空，再屈肘向下收臂，

以免觸網。與此同時屈膝緩衝，雙腳落地，並注意自我保護。若未攔到球，則在下落時就要隨球轉頭，並以轉方向相反的一隻腳先橫過來落地，隨即轉身面向後場，準備接應同伴墊來的球。

6.技術要點

（1）伸臂動作

攔網擊球時，兩臂應盡力伸直，前臂靠近球網，兩手間距不能大於球體直徑，以防止漏球。攔網時伸臂動作要及時，伸臂過早容易被對方避開攔網或打手出界，而過晚不易阻攔扣球，失去攔球效果。一般在扣球瞬間伸臂攔網較好。

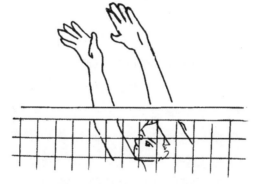

（2）攔網手法

攔網擊球時，兩手腕應主動用力罩住球，以控制攔網角度。為了防止對方打手出界，攔靠近兩邊線的扣球時，外側手掌應稍向內轉。攔遠網球時，為了升高攔網點，不採用壓腕動作，而是盡量向上伸直手臂和手腕。當擊球點高，不能罩住球攔網時，可採用手腕後仰的方法，堵截扣球路線，將球向上攔起。

（二）攔網技術練習

沙灘排球只有單人攔網，一人練習主要掌握攔網的技術動作和移動起跳動作。順序應是攔網手型———原地起跳———移動起跳———完成攔網動作。

1.原地徒手模仿準備姿勢、伸臂動作和攔網手型

按動作要領體會動作方法，兩臂擺動不宜離身體太遠，向上伸臂後，兩手距離不能超過球的直徑。

2.在網前或牆壁前做原地起跳的攔網動作

靠近球網約 50 公分站位，垂直向上跳，兩臂擺動路線合理，不觸網，對牆練習，有利於抑制初學者前跳觸網的現象。

3.面對球網，向兩側做併步、交叉步等移動起跳的攔網動作

靠近球網與網平行移動，移動後身體保持平穩再上跳，移動與起跳、起跳與起跳後的伸臂動作要連貫。

第 3 章

沙灘排球基本戰術

沙灘排球戰術是運動員在比賽中，根據沙灘排球競賽規則和沙灘排球運動的特點與規律，比賽雙方臨場競賽的情況及自然氣候條件的發展變化，場上隊員在比賽中根據彼我雙方的具體情況，有效地運用各種技術的行為。

沙灘排球戰術具有以下特點：

1. 人的重心更低；

2. 技巧性更強；

3. 二傳運用更廣泛；

4. 墊球運用多樣化；

5. 扣球多選多步助跑；

6. 防守陣形只有 2 人防守無攔網和單人攔網、單人防守。

一、沙灘排球戰術的分類

沙灘排球戰術的分類是按照沙灘排球運動的特點，把排球戰術的內容，按照其內在的規律分成若干類別和層次，使人們更容易理解。

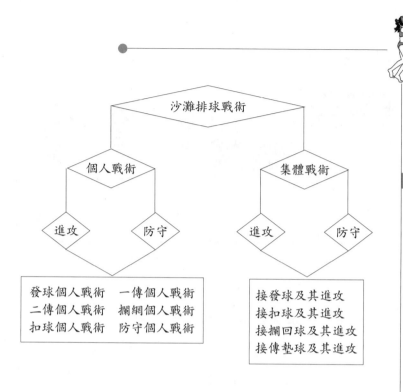

二、沙灘排球基本戰術及運用

（一）發球戰術及應用

　　好的發球可以直接得分，還可破壞對方的一傳，給對方的戰術配合造成困難，所以，要充分使用個人發球戰術和天氣條件，如順風，採用「滿掌擊球」，從而發出各種性能的旋轉球。

　　而逆風條件下，採用「掌根擊球」的手法，使球的飛行呈平直或飄晃，圖中（160頁）就是利用陽光這一有利武器來發球控制落點，陰影區是發球瞬間隊員須考慮到的比較理想的落點區，再者是針對對方接發球技術差或呈現疲

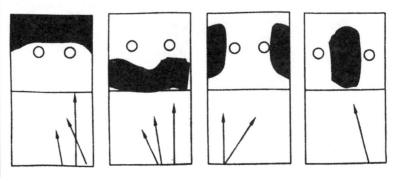

憊狀態的隊員發球。

（二）接發球進攻戰術及應用

在沙灘排球運動中，一傳到位率相對來說低一些，這樣，二傳手不容易搶到上手傳球的位置，所以，隊員經常用調整傳球和墊球來補充。

1.當對方發網前輕球時，可組織近體快、短平快球進行進攻。

2.若一傳很到位，即一傳可直接將球傳給同伴進攻，那麼，就組織兩次進攻。

3.若對方發球或扣球攻擊性很強，一傳後只能顧得上起跳，球落點飛行路線不好控制的情況下，只有由另外一名隊員調整一下，組織三次球過網強攻。

（三）防守反擊戰術及應用

防守反擊戰術由四個環節組成，包括攔網、後防、接應二傳、反擊扣球。其中攔網是第一道防線，有效攔網既可以立即減輕對方進攻能力和隊友後排防守的壓力，還可

提高防起率，以便有效組織反攻。那麼，就著重講一下攔網和後防及反擊扣球。

1.攔　網

（1）如果對方攻擊力不強，為減少球觸攔網手後失分的機率和加強防守人數和範圍，那就取守而捨攔。

（2）攔住無人防守區，使球不落入該區，增加隊友起球的機會。

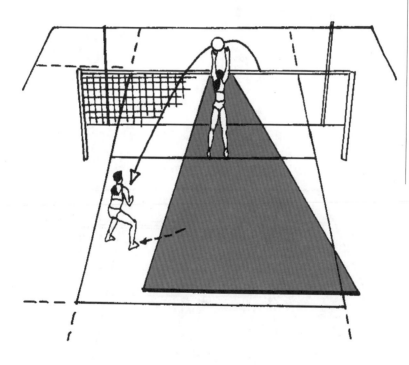

2.後　防

後防主要是用來彌補攔網的一些缺陷，建立起的第二道防線。

（1）防對方輕扣和防觸攔網者手後的球

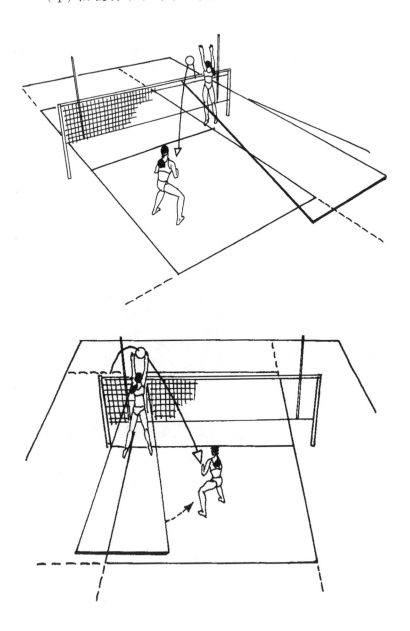

（2）防觸攔網者手飛向場外和落到場內的近網球

（3）防觸攔網者手後的場內球

（4）防守近網攔回球

這需要攔網人迅速轉變角色保護自己身邊的球。

①網端一側攔網的情況

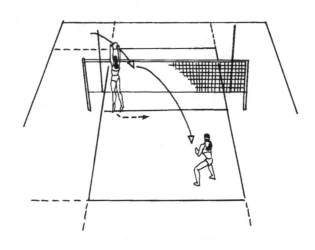

②網中間攔網的情況

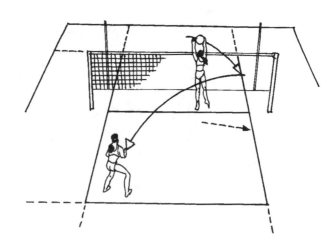

3.反擊扣球

（1）有攔網隊員

如果本方有一名隊員攔網。

①若對方中路進攻，防守隊員要兼顧兩側來球，偏向一側取位。

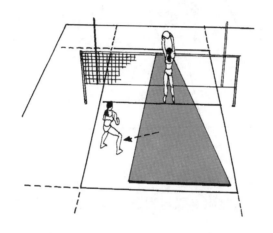

②若在標誌杆處，可以放棄攔直線球，專注防守攔網區域外的大面積區域為上。

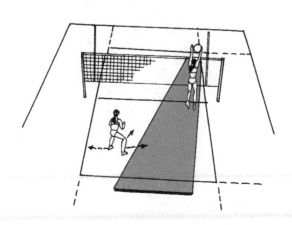

③如果本方隊員攔網了，但是，後防守隊員起球的落點好，那麼，可在打法上多些變化。如「時間差」和「位置差」。

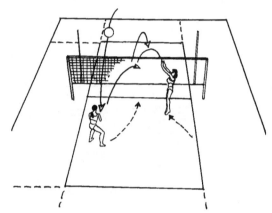

（2）無攔網隊員

此時，本隊兩名隊員都負有墊、調傳、扣球進攻的責任。

如果一傳隊員為右邊隊員，落點又近網，那麼，左邊隊員立即補上做接應二傳，組織各種進攻。

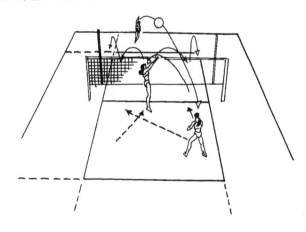

（四）接攔回球並組織進攻戰術

這種戰術是指本方扣球，對方將球攔回，本方將球保護起後再組織進攻。攔回來的球一般都近網，兩名隊員都要及時救球或跟進保護，盡量傳墊高球，便於組織進攻，其中常見的有兩種情況：

1.如果斜扣，球的攔回落點一般在扣球隊員的右側稍遠。

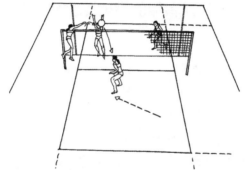

2.還有一種比較好處理的情況，就是攔回球反彈弧度高，那麼，兩個隊員可根據情況挑選最有利的一種進攻方式。

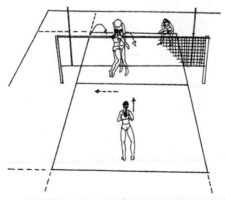

三、沙灘排球戰術訓練

　　沙灘排球的戰術訓練和技術訓練是分不開的。技術組織是運用戰術的基礎，戰術則是把各種技術巧妙地運用和結合，從它們的關係來看我們可以說戰術和技術是互聯、互制、互依、互促的辯證關係。

（一）與傳球有關的戰術配合練習方法

1.調整傳球

　　（1）斜線調傳

　　教練拋球，注意傳出的球要有高度，以便隊員組織進攻，傳一次球後跑向隊尾。

　　（2）斜線連續對傳

　　傳球前要求移動找準落點，傳到距網 1 公尺左右的上空。

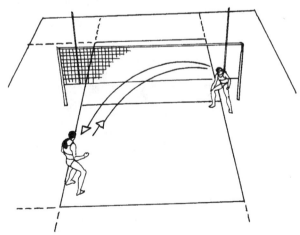

如果扣的是近體直線球，球被攔回的落點，則有可能在扣球隊員左右兩側。

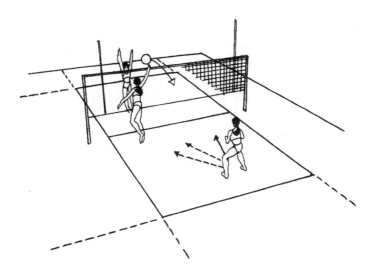

遠網扣球，在有攔網隊員的情況下，後防隊員應往攔網點移動，防攔回球。

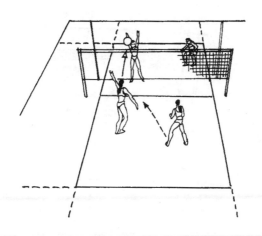

2.防起攔回球後組織進攻常見的幾種情況

（1）若攔回的球，不容易控制起球方向和落點時，那一定將球盡量墊起，以便另外一個隊員進行調整。

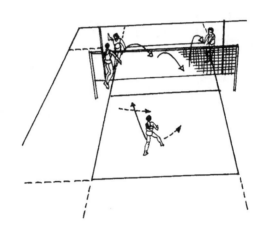

（2）攔回球較近網，且較好控制，那麼，可組織近網或快球進攻，增加得分機會。

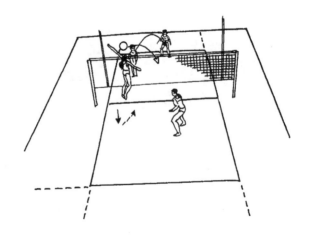

3.墊調傳結合連續傳球

墊球可控制落點，讓傳球人移動後調傳，傳球要求高度與落點，要便於同伴能進攻。

4.移動接應後的調傳

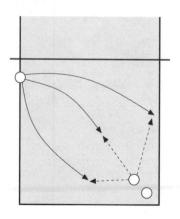

（二）與墊球有關的戰術配合練習方法

1.接近比賽形式的兩發兩接

要求墊球人斜線墊球，且一定要注意高度。

2.向前移動墊網前球

要求向後上方高墊球。

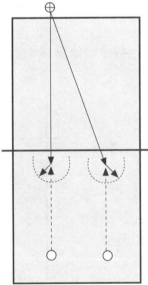

3.扣吊結合墊球

扣球時控制一下，開始時，盡量扣準，吊球不要太難。墊球的動作做準確，特別要防起身前吊球，將球墊高。

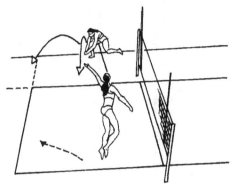

（三）與扣球有關的戰術配合練習方法

1.要求落點準確性扣球

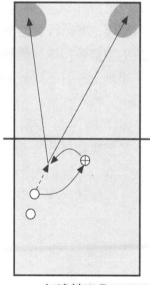

扣邊線兩角

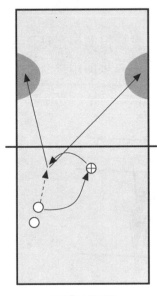

扣場地兩腰

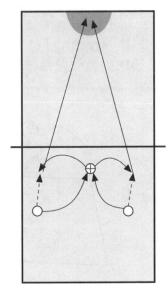

扣端線中部

2.搶分扣球

根據比賽時隊員站位易形成的空檔及扣球的難易程度，場地上分有不同分值的區。

練習時，每人扣 5 個球，最後算總得分，凡扣球失誤算 0 分，沒扣入任何一個區，但球落場內，每球得 1 分。

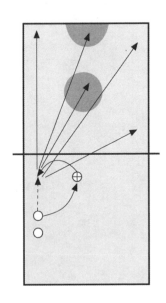

3.對活目標扣球

對方中場隊員為活動目標，二傳球在空中時，活動目標開始移動，扣球人就找目標扣球。

4.按信號扣球

將場地劃分為若干號碼區，球未落前，教練喊區號，扣定區球。

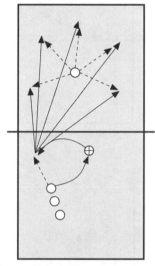
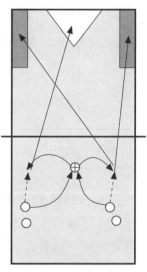

對活目標扣球　　　　　　按信號扣球

5.遠網扣區扣球

沙灘排球比賽，多以遠網調整進攻為主，由於對方兩人多在中場防守，故場地的兩角、端線附近場內、兩個腰上較空，一般往上述區域扣球效果較好。

6.近體快扣兩側輕球

當扣近體快球時，如遇到對方封住扣球路線時，要向兩側輕球，對方很難將球防起，注意用手腕控制球的落點。

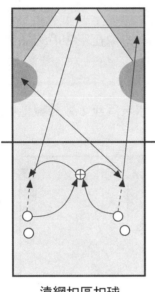

遠網扣區扣球

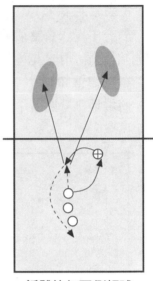

近體快扣兩側輕球

7.三人一組跑動連續扣拋球

多用多球練習法，增加扣
球的量和密度，以量求質。

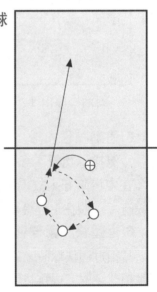

（四）與發球有關的戰術配合練習方法

1.按指定區域發球

實際上是找對方的空檔發球。一般為端線兩個角、端線中間、場地兩個腰。除此，在練習中，還可練發網前球。

2.練習發球的攻擊性

發球對抗性練習。兩人發球，兩人接發球，透過記分方法，即失誤為失分，以 12 分為一局，以對抗方法來提高發球的攻擊性。

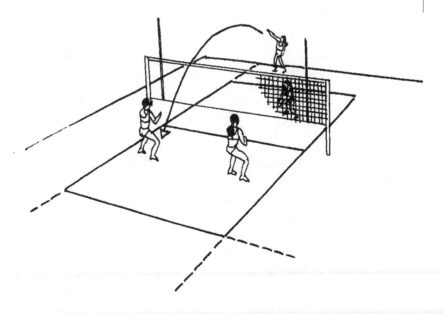

3.結合比賽實際的發球練習

如安排隊員連續攔網後，緊接著去發球區發球，或先在場內練防守後去發球。

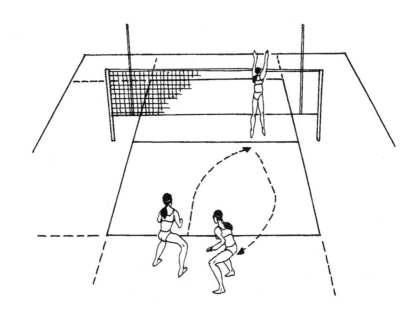

（五）與攔網有關的戰術配合練習方法

1.攔對方兩邊中、近網扣球

教練員依次組織兩邊扣球，對方固定 2 人攔網，凡攔 5 個好球時，換一個扣球隊員去攔網。

2.向兩側移動攔網

凡攔網隊員攔死 5 個好球後，換一個扣球隊員攔網。

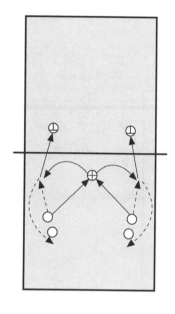

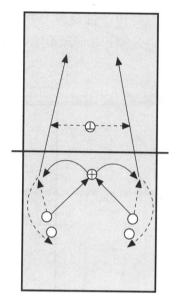

3.攔中間「時間差」扣球

凡攔死 3 個球後換一個扣球隊員攔網。

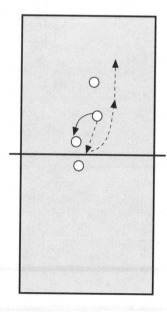

4.扣「位置差」扣球

凡攔死 3 個球後換一個扣球隊員。

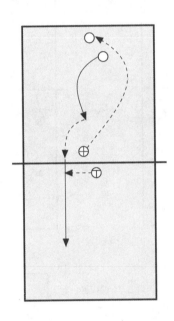

附錄：沙灘排球競賽規則

比賽的特性

沙灘排球是一項每隊由兩人組成的兩隊，在由球網分開的沙地上進行比賽的運動。可以用身體的任何部分進行擊球。

比賽的目的是各隊遵照規則，將球擊過球網，使其落在對方場區內，而阻止其落在本方場區內。

比賽是由發球隊員以一隻手或手臂擊球開始，球越過球網飛向對方場區內。

每隊可擊球三次將球擊回對區。一個隊員不得連續擊球兩次（攔網和第一次擊球時除外）。

比賽應連續進行直至球落地、出界或某一隊不能合法地將球擊回對方為止。

在沙灘排球比賽中，只有發球隊可以得分（決勝局除外）。接發球隊勝一球時，只獲得發球權（決勝局除外），稱之為「換發球」。每次「換發球」時發球隊員必須交替。

在沙灘排球比賽中有兩種「比賽方式」：

方式 A：一局制

一個隊贏得 15 分同時超過對方 2 分時，即取得這局和這場比賽的勝利。當比分為 16：16 時，先獲得 17 分僅領

先 1 分的隊即取得這局和這場比賽的勝利。

方式 B：三局兩勝制

先贏得 12 分的隊勝一局。勝兩局則取得一場比賽的勝利。

決勝局：當前兩局比局為 1：1 時，一個隊須贏得 12 分同時超過對方 2 分才能勝第三局，即決勝局。當比分為 11：11 時，比賽繼續進行直到某隊領先 2 分為止，沒有分數限制。決勝局採用每球得分制，即某隊勝一球時也得 1 分。

第一部分　比　賽

第一章　器材與設備

1.比賽場地

比賽場地包括比賽場區和無障礙區（圖 1）。

1.1　面積

1.1.1　比賽場區為長 18 公尺、寬 9 公尺的長方形。其四周至少有 3 公尺寬的無障礙區。從地面向上至少有 7 公尺高的無障礙空間。

1.1.2　國際排聯正式國際比賽場地，邊線外和端線外的無障礙區至少 5 公尺，比賽場地上空的無障礙空間至少高 12.5 公尺。

1.2　比賽場地的場面

1.2.1　場地的地面必須是水平的沙灘，儘可能平坦和劃一。沒有石塊、殼類及其它可能造成運動員損傷的雜

圖1　比賽場地

物。

1.2.2　國際排聯正式國際比賽的場地，沙灘必須至少40 公分深並由鬆軟的細沙組成。

1.2.3　比賽場地的地面不得有任何可能傷害隊員的隱患。

1.2.4　國際排聯正式國際比賽的場地，其沙子應該是篩選過的，不可太粗糙，沒有石塊和危險的顆粒，沒有過多的粉塵和可能刺傷皮膚的隱患。

1.2.5　國際排聯正式比賽的場地，應備有大型苫布，以便下雨時遮蓋比賽場區。

1.3　場地上的畫線

1.3.1　兩條邊線和兩條端線劃定了比賽場區。邊線和端線都包括在比賽場區的面積之內。

1.3.2　沒有中線。

1.3.3　所有的界線寬 5～8 公分。

1.3.4　界線必須是與沙灘明顯不同的顏色。

1.3.5　場區界線應由抗拉力材料的帶子構成。露在地面的固定物必須是柔軟和靈活的。

1.4　發球區

端線之後，兩條邊線延長線之間的區域為發球區。發球區的深度延至無障礙區的終端。

1.5　天氣

天氣必須不會造成對運動員的損傷和危險。

1.6　照明度

國際排聯正式比賽如在夜間舉行，照明度在離比賽場區地面 1 公尺高處測量應為 1000～1500 勒克斯。國際排聯

正式比賽中，技術監督、裁判監督和比賽監督對上述可能出現的危險有決定權。

2.球網和網柱

2.1 球網

球網設在場地中央中心線的垂直上空，拉緊時長 9.5公尺，寬 1 公尺（±3）。

球網網孔為 10 公分見方。球網上、下沿的全長各縫有5～8 公分的雙層帆布帶，最好是深藍色或鮮明的顏色。上沿帆布帶的兩端留有小孔，用繩索穿過小孔繫在網柱上拉緊。

用一根柔韌的鋼絲貫穿上沿的帆布帶，用一根繩索貫穿下沿的帆布帶，使它們與網柱固定，以將球網拉緊。允許在水平帆布帶上設置廣告。

2.2 標誌帶

兩條寬 5～8 公分（與邊線同寬）、長 1 公尺的彩色帶子為標誌帶，分別設在球網兩端，垂直於邊線。標誌帶是球網的一部分。允許設置廣告。

2.3 標誌杆

標誌杆是有韌性的兩根杆子，長 1.80 公尺，直徑 10 毫米。由玻璃纖維或類似質料製成。標誌杆分別設置在標誌帶的外沿，球網的不同側面（圖 2）。

標誌杆高出球網 80 公尺。高出的部分每 10 公尺應塗有明顯對比的顏色，最好為紅白相間。標誌杆為球網的一部分，並視為過網區（圖 3，規則 14.1.1）的界限。

2.4 球網高度

球網的高度男子為 2.43 公尺，女子為 2.24 公尺。

圖2 球網、標誌帶、標誌杆和網柱

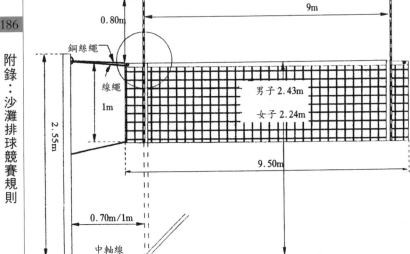

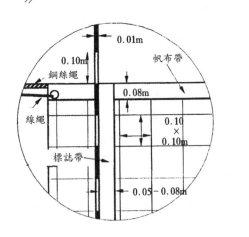

圖3　球通過球網垂直面示意圖

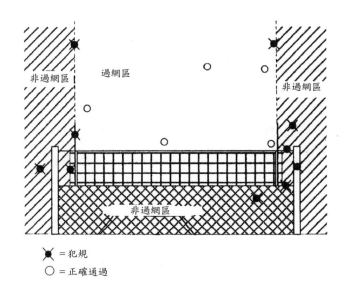

非過網區　　過網區　　　　　　　　非過網區

非過網區

● ＝ 犯規

○ ＝ 正確通過

註：網高可以根據不同年齡組有所區別：

16 歲以下 2.24 公尺（男、女）

14 歲以下 2.12 公尺（男、女）

12 歲以下 2.00 公尺（男、女）

　　球網的高度應用量尺從場地中間丈量。球網兩端（邊線上空）離地面的高度必須相等，並不得超過規定網高 2 公分。

　　2.5　網柱

　　支架球網的兩根網柱必須為高 2.55 公尺的光滑圓柱，最好能夠調節高度。網柱固定在兩條邊線外 0.7～1 公尺的地方。禁止用拉鏈固定網柱。一切危險設施或障礙物都必須排除。球柱必須用柔弱物體包裹起來。

2.6 附加設備

一切附加設備必須符合國際排聯的規定。

3.球

3.1 特性

球是圓形的，由柔軟和不吸水的材料製成外殼（皮革或類似材料），以適合室外條件，即使在下雨時也能進行比賽。球內裝橡膠或類似質料製成的球膽。

顏色：淺黃色或其它淺色，如橙色、粉紅色、白色等。

圓周：65～67 公分。

重量：260～280 克。

內壓：171～221 毫巴（0.175～0.225 千克／平方公分）。

3.2 同一性

在一次比賽中所用的球，其特性，包括顏色、圓周、重量、內壓、牌號等都必須是統一的。

國際排聯正式比賽必須使用經國際排聯批准的球。

3.3 三球制

國際排聯正式國際比賽應採用三球制。設 6 名撿球員，無障礙區的四個角落各 1 人，第一、二裁判員後面各 1 人（圖 4）。

第二章　比賽參加者

4.比賽隊

4.1 組成和登記

4.1.1 一個隊由兩名隊員組成。

4.1.2 只有登記在記分表上的兩名隊員才可參加比

圖4　裁判員和輔助人員站位示意圖

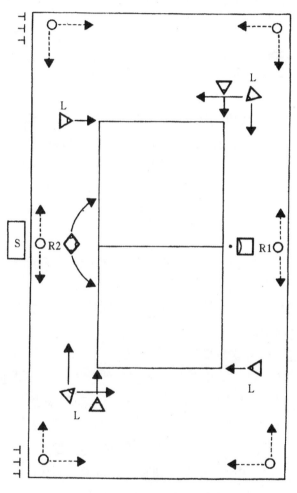

R1＝第一裁判員　　L＝司線員

R2＝第二裁判員　　O＝撿球員

S＝記錄員

賽。

4.1.3 國際排聯正式比賽中不允許教練員進行指導。

4.2 隊長

隊長應在記分表上注明。

5.隊員的裝備

5.1 服裝

5.1.1 隊員的服裝包括短褲或泳裝。除比賽有特殊規定外，隊員可選擇穿上衣或胸衣。隊員可戴帽子。

5.1.2 國際排聯正式比賽中，同隊隊員服裝顏色和式樣必須一致。

5.1.3 上衣和短褲必須整潔。

5.1.4 除裁判員特許外，隊員必須赤腳。

5.1.5 隊員的上衣（如允許不穿上衣則為短褲）號碼必須是 1 和 2。號碼必須在胸前（或短褲前）。

5.1.6 號碼必須與服裝顏色明顯不同並至少 10 公分高。號碼筆畫的寬度至少 1.5 公分。

5.2 允許的更換

5.2.1 到場後雙方所著上衣顏色相同時，主隊必須更換。如在中立場比賽，則在記分表上列前的隊更換。

5.2.2 第一裁判員可以允許一名或多名運動員：

a）穿襪和鞋比賽或只穿鞋或只穿襪比賽。

b）在局間可更換濕運動服。但新換的服裝必須符合比賽要求和比賽規則（規則 5.1.5 和 5.1.6）。

5.2.3 如果某一隊員提出請求，則第一裁判員可以允許其穿內衣和訓練褲進行比賽。

5.3 禁止著戴的服裝和物品

5.3.1　禁止佩帶可能造成傷害的任何物品，如手飾、徽章、手鐲、發卡等。

5.3.2　隊員可以戴眼鏡或太陽鏡進行比賽，但所引起的一切後果自行負責。

5.3.3　禁止穿著沒有或不符合規定號碼（規則 5.1.5、5.1.6）的服裝。

6.參加者的權利和責任

6.1　隊員

6.1.1　隊員必須了解並遵守沙灘排球競賽規則。

6.1.2　隊員必須以良好的體育道德作風服從裁判員的判定，不允許爭辯。如有疑問，可提請解釋。

6.1.3　隊員的行為必須符合公平競賽的精神，不僅對裁判員而且對其他工作人員、對方隊員、同隊隊員及觀眾都要尊重，要有禮貌。

6.1.4　隊員不得有任何目的在於影響裁判員的判斷或掩蓋本隊犯規的動作和行為的表現。

6.1.5　隊員不得以任何行為延誤比賽。

6.1.6　比賽中允許隊員間交談。

6.1.7　比賽中，當成死球時，隊員可以就下述三種情況與裁判講話：

a）請求對規則和規則的執行進行解釋。

如果隊員對解釋不滿意，則任一隊員必須立即向裁判員提出聲明，保留其在比賽結束時將此意見作為正式抗議記在記分表上的權利（規則 25.2.4）。

b）請求允許：

———換服裝或裝備。

——核對發球隊員號碼。

——檢查球網、球、地面等。

——整理場地線。

c）請求暫停（規則 19.3）。

注意：隊員離開場地必須得到裁判員的同意。

6.1.8　在比賽結束時：

a）感謝裁判員和對方運動員。

b）如果任一隊員曾向第一裁判員提出過聲明，則可進一步確認作為抗議記錄在記分表上〔規則 6.1.7 a ）〕。

6.2　隊長

6.2.1　隊長在比賽開始前：

a）在記分表上簽字。

b）代表本隊進行抽簽。

6.2.2　比賽後隊長在記分表上簽字承認比賽結果。

6.3　參賽者的位置（圖 1）

球隊席設在記錄臺的兩側，離邊線 5 公尺，距記錄臺不得近於 3 公尺。

第三章　分、局和一場比賽的獲勝

7.記分方法

7.1　勝一場

7.1.1　方式 A：一局制——勝一局的隊勝一場。

7.1.2　方式 B：三局兩勝制——勝兩局的隊勝一場。

7.1.3　如果 1：1 平局時（方式 B，規則 7.1.2），決勝局（第三局）採用每球得分制（規則 7.4）。

7.2　勝一局

7.2.1 方式 A（規則 7.1.1）：

先得 15 分並同時至少超過對方 2 分的隊勝一局。當比分 14：14 時，比賽繼續進行至某一隊領先 2 分（16：14、17：15）為止。但是，最高分限為 17 分，即當比分為 16：16 時，獲得第 17 分的隊僅領先 1 分即勝該局。

7.2.2 方式 B（規則 7.1.2）：

a）前兩局：先得 12 分的隊勝一局。當比分 11：11 時，先得第 12 分的隊勝該局。

b）決勝局：前兩局為 1：1 時，決勝局（第三局）採用每球得分制，先得 12 分，同時至少超過對方 2 分的隊勝該局。當比分 11：11 時，比賽繼續進行直至某隊領先 2 分（13：11、14：12），沒有最高分限。

7.3 勝一球

無論是發球失誤，還是接發球失誤或任何其它的犯規，對方即勝一球。其結果如下：

7.3.1 如果對方是發球隊，則得 1 分並繼續發球。

7.3.2 如果對方是接發球隊，則獲得發球權而不得分（換發球），決勝局（第三局）除外。

7.4 決勝局（第三局）中勝一球

決勝局中某隊勝球即是 1 分。如下列情況：

7.4.1 發球隊得 1 分後繼續發球。

7.4.2 接發球隊得 1 分並得發球權。

7.5 棄權和陣容不完整的隊

7.5.1 某隊被召喚之後拒絕比賽，則宣布該隊為棄權，以 0：1（方式 B 中 0：2）的比局和 0：15（方式 B 中 0：12、0：12）的比分失利。

7.5.2　某隊無正當理由而未準時到場，則宣布該隊為棄權，結果同規則 7.5.1。

7.5.3　某隊被宣布一局或一場比賽陣容不完整時（規則 9），該隊失去這一局或這一場比賽，應給對方勝該局或該場比賽必要的分數和局數。陣容不完整的隊保留其已得分數和局數。

第四章　比賽的準備和組織

8.比賽的準備

8.1　抽簽

第一裁判員應在第一局準備活動之前召集雙方隊長抽簽。抽簽獲勝者選擇：

a）發球或接發球。

b）場區。

抽簽失利者從餘項中選擇。

抽簽失利者在第二局前有權先選擇 a）或 b）。

決勝局前重新抽簽。

8.2　準備活動

在比賽開始前，如另有場地供比賽隊進行活動，則每隊可上網活動 3 分鐘；如另無場地，則每隊可上網活動 5 分鐘。

9.隊的陣容

9.1　出場隊員的固定

每隊的兩名隊員（規則 4.1.1）必須一直在場上。

9.2　換人的規定

沒有換人，也不允許更改運動員。

10.隊員的位置

10.1　位置

10.1.1　當發球隊員擊球時，雙方隊員（發球隊員除外）必須在本場區內。

10.1.2　隊員在場內可隨意站位。沒有固定的位置。

10.1.3　沒有位置錯誤犯規。

10.2　發球次序

發球次序必須在整局比賽中始終如一（在隊長抽籤後立即確定）。

10.3　發球次序犯規

10.3.1　沒有按照發球次序發球視為發球次序犯規。

10.3.2　記錄員必須確定犯規的確切時刻，犯規中該隊的所有得分必須取消。

10.3.3　如果不能確定其犯規時刻和得分情況，則只判其失掉該球（規則 12.2.1）。

第五章　比賽行為

11.比賽的狀態

11.1　比賽的進行

裁判員鳴哨允許發球，發球隊員擊球時進入比賽。

11.2　比賽的中斷

裁判員鳴哨則比賽中斷。但是，如果裁判員是由於比賽中出現犯規（規則 12.2.2）而鳴哨的，則比賽的中斷實際是由犯規的一刻開始的。

11.3　界內球

球觸及比賽場區的地面包括界線（規則 1.3），為界內

球。

11.4 界外球

下列情況為界外球：

a）球接觸地面的整個部分落在界線以外（不包括觸線）。

b）球觸及場外的物體、或非比賽人員。

c）球觸及標誌杆、網繩、網柱或球網的標誌杆／帶以外部分。

d）球的整體或部分從非過網區完全越過網的垂直面（規則 14.1.2、14.1.3，圖 3）。

12.比賽中的犯規

12.1 定義

12.1.1 比賽中任何違反規則的行動都被認為是犯規。

12.1.2 裁判員根據規則對犯規進行判斷和判罰。

12.2 犯規的判罰

12.2.1 每一犯規均有判罰：按規則 7.3 或在決勝局中按規則 7.4 的規定判犯規隊的對方勝一球。

12.2.2 如果兩個或更多的犯規先後發生，則只判罰第一個犯規。

12.2.3 如果雙方隊員同時犯規，則判雙方犯規，該球重新進行。

13.比賽中的擊球

13.1 球隊的擊球

13.1.1 每隊最多可擊球三次將球從球網上空擊回對方。

13.1.2 無論是主動擊球或被球觸及，均作為該隊擊球

一次。

13.1.3　一名隊員不得連續擊球兩次（攔網除外，規則18.2）。

13.2　同時觸球

13.2.1　兩名隊員可以同時觸球。

13.2.2　當同隊的兩名隊員同時觸球時，被計為擊球兩次（攔網除外）。

如果其中只有一名隊員觸球，則只計為擊球一次。隊員之間發生衝撞不算犯規。

13.2.3　兩名不同隊的隊員在網上同時觸球，如果比賽繼續進行，則獲得球的一方仍可擊球三次。如果球落在某方場區外，則判為對方擊球出界。如果雙方隊員網上同時觸球造成「持球」，則不算犯規。

13.3　借助擊球

隊員不得在比賽場地以內借助同伴或任何物體進行擊球。但是，一名隊員可以擋住或拉住另一名將造成犯規（觸網或進入對方場區干擾對方等）的同隊隊員。

13.4　擊球的性質

13.4.1　身體任何部位都允許觸球。

13.4.2　球必須被擊出，而不能被接住或扔出。球可以向任何方向彈出。

下列情況例外：

a）用上手傳球做防守重扣球動作時，球在手中可短暫停滯。

b）當雙方隊員網上同時觸球時可以「持球」。

13.4.3　球可以觸及身體的不同部位，但必須是同時觸

及。

下列情況例外：

a）在攔網中，允許一名或更多的攔網隊員在同一攔網動作中連續觸球（規則18.4.2）。

b）在第一次擊球時，除上手傳球外，允許身體不同部位在同一擊球動作中連續觸球。

13.5　擊球時的犯規

13.5.1　四次擊球：球在進入對區之前一個隊擊球四次（規則13.1.1）。

13.5.2　借助擊球：隊員在比賽場地以內借助同伴或任何其它物體進行擊球（規則13.3）。

13.5.3　持球：隊員沒有將球擊出（規則13.4.2）。但防守重扣時（規則13.4.2）或雙方隊員網上同時觸球時〔規則13.4.2b）〕造成的短暫「持球」除外。

13.5.4　連擊：一名隊員連續擊球兩次或球連續觸及隊員身體的不同部位（規則13.1.3、13.4.3）。

14.球網附近的球

14.1　球越過球網

14.1.1　球必須通過球網上空的過網區（圖3）進入對方場區。過網區是球網垂直平面的部分，其範圍是：

a）下至球網上沿。

b）兩側至標誌杆及其假想延長線。

c）上至天花板或障礙物（如果有的話）。

14.1.2　球從過網區以外的空間飛向對方，當球的整體越過球網垂直平面時，為「界外球」。

14.1.3　球的整體越過球網以下垂直平面為「界外球」

（圖3）。

14.1.4　隊員可以進入對方場區將尚未完全越過球網垂直平面的球從網下或過網區外擊回（規則15.2）。

14.2　球觸球網

除發球外，球越過球網時（規則14.1.1）可以觸網。

14.3　球入球網

14.3.1　球入球網後，在該隊的三次擊球內，可以再次擊球。

14.3.2　如果球擊破球網或使網墜落，則該球不計，重新進行。

15.球網附近的隊員

每隊必須在其本場地內及其空間進行比賽，但允許隊員越出無障礙區進行救球，將球擊回。

15.1　越過球網

15.1.1　攔網時，允許攔網隊員越過球網觸球，但必須在對方進攻性擊球之後並不得妨礙對方（規則18.3）。

15.1.2　允許隊員進攻性擊球後手越過球網，但必須在本場區空間完成擊球。

15.2　進入對方空間、場區和無障礙區

在不妨礙對方比賽的情況下，允許隊員進入對方空間、場區和無障礙區。

15.3　觸網

15.3.1　禁止觸及球網的任何部分和標誌杆。

15.3.2　隊員擊球後，可以觸及網柱、全網長以外的網繩和其它任何物體，但不得影響比賽。

15.3.3　由於球被擊入球網而造成的球網觸擊對方隊員

不算犯規。

15.3.4 由頭髮造成的輕微觸網不算犯規。

15.4 隊員在球網附近的犯規

15.4.1 對方隊員進行進攻性擊球前或擊球時，本方隊員在對方空間觸及球或對方隊員（規則 15.1.1）。

15.4.2 隊員進入對方空間、場區或無障礙區並妨礙了對方比賽（規則 15.2）。

15.4.3 隊員觸擊球網（規則 15.3.1）。

16. 發 球

16.1 定義

發球隊員在發球區內用一隻手或手臂將球擊出而進入比賽的動作稱為發球。

16.2 每局的首先發球

每局的首先發球在抽籤後即被確定（規則 8.1）。

16.3 發球次序

一局中首先發球之後，隊員按下列規定進行發球：

a）當發球隊勝一球時，原發球隊員繼續發球。

b）當接發球隊勝一球時，獲得發球權並由上次未發球的隊員發球。

16.4 發球的允許

第一裁判員檢查發球隊員已站在端線之後並握球在手且雙方隊員已做好比賽準備時，則允許發球。

16.5 發球的執行

16.5.1 發球隊員可在發球區自由移動。發球擊球時或跳發球起跳時，發球隊員不得觸及場區（包括端線）和發球區以外地面，其腳不得伸至線下。擊球後，發球隊員可

以踏及或落在發球區外或場區內。

16.5.2　由於發球隊員觸動沙子而造成的界線移動不算犯規。

16.5.3　發球隊員必須在第一裁判員鳴哨後 5 秒鐘內將球發出。

16.5.4　裁判員鳴哨前的發球無效，該球重發。

16.5.5　球被拋起或持球手撤離後，必須在球落地前，用一隻手或手臂的任何部分將球擊出。

16.5.6　球被拋起或持球手撤離後，未觸及發球隊員而落地，被視為一次發球。

16.5.7　不允許發球試圖。

16.6　發球掩護

發球隊的隊員不得利用掩護阻擋對方觀察發球隊員和球的飛行路線。在對方要求下，他們必須撤去掩護（圖5）。

附錄：沙灘排球競賽規則

圖 5　發球掩護

● 犯規
○ 正確

16.7 發球犯規

下列犯規應判換發球：

a）發球次序錯誤（規則 16.3）。

b）沒有遵守發球的執行（規則 16.5）。

16.8 擊球後的發球犯規

球被正確地發出後，出現下列情況仍判為發球犯規：

a）球觸擊發球隊隊員或沒有通過球網的垂直平面。

b）球觸球網（規則 14.2）。

c）球出界（規則 11.4）。

17. 進攻性擊球

17.1 定義

17.1.1 除發球和攔網外，所有直接向對方的擊球都是進攻性擊球。

17.1.2 當球的整體通過球網垂直面或被對方攔網隊員觸及，進攻性擊球則告完成。

17.1.3 任何隊員都可以對任何高度的球進行進攻性擊球，但觸球時必須在本場地空間（規則 17.2.4 除外）。

17.2 進攻性擊球犯規

17.2.1 隊員在對方場地空間擊球（規則 15.1.2）。

17.2.2 隊員擊球出界（規則 11.4）。

17.2.3 隊員用手指吊球完成進攻性擊球。

17.2.4 隊員對對方發過來的球在球的整體高於球網上沿時完成進攻性擊球。

17.2.5 隊員用上手傳球且傳球軌跡不垂直於雙肩連線完成進攻性擊球，傳給同伴的球除外。

18. 攔　網

18.1　定義

攔網是隊員靠近球網，將手伸向高於球網處阻擋對方來球的行動（圖6）。

圖6　完成攔網

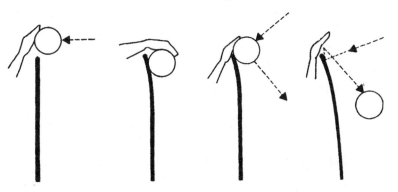

球高於球網　　　觸手亦觸網　觸手亦觸網上沿　　觸網後又觸手

18.2　攔網隊員的擊球

攔網後可以由任何一名隊員進行第一次擊球，包括攔網時已經觸球的隊員。

18.3　進入對方空間攔網

攔網時隊員可以將手或手臂伸過球網，但不得影響對方擊球。

過網攔網觸球應在對方隊員進攻性擊球之後。

18.4　攔網的觸球

18.4.1　攔網的觸球算作球隊的一次擊球。一個隊攔網觸球後只能再擊球兩次。

18.4.2 在一個動作中，球可以連貫（迅速而連續）地觸及一名或更多攔網隊員。這僅算作球隊的一次擊球（規則 18.4.1）。

18.4.3 攔網時球可以觸及身體任何部位。

18.5 攔網犯規

18.5.1 在對方進攻性擊球前或擊球同時，攔網隊員在對方場區空間觸球（規則 18.3）。

18.5.2 隊員從標誌杆以外伸入對方空間攔網。

18.5.3 隊員攔對方發球。

18.5.4 攔網出界。

第六章　暫停和延誤

19. 暫　停

19.1 定義

暫停是正常的比賽間斷，時間為 30 秒鐘。

19.2 暫停的次數

每局比賽中，每隊最多可請求 4 次暫停。

19.3 暫停的請求

當比賽成死球時，在裁判員鳴哨發球之前，隊員可用相應的手勢（圖 7 之 4）請求暫停。一次暫停可與另一次暫停相連續，中間無須經過比賽。

隊員如果離開場地必須得到裁判員的同意。

19.4 不符合規定的請求

下列情況為不符合規定的暫停請求：

a）在比賽進行中或在裁判員鳴哨發球的同時或之後提出請求（規則 19.3）。

b）超過規定的正常暫停次數（規則 19.2）。

任何沒有影響或延誤比賽的不符合規定的請求均應予拒絕，而不進行判罰，但在同一局中不得再次發生〔規則 20.1b）〕。

20.比賽的延誤

20.1　延誤的類型

一個隊拖延比賽繼續進行的不正當行為為延誤。包括以下行動：

a）在裁判員鳴哨恢復比賽後，拖延暫停時間。

b）在同一局中再次提出不符合規定的請求（規則 19.4）。

c）拖延比賽的繼續進行。

20.2　對延誤的判罰

20.2.1　在一局中，對一個隊的第一次延誤給予延誤警告。

20.2.2　在同一局中，同一隊任何類型的第二次或多次的延誤均構成犯規，給予延誤判罰，失去一球。

21.意外的比賽間斷

21.1　受傷

21.1.1　比賽中出現嚴重傷害事故，裁判員應立即中斷比賽。該球重新進行。

21.1.2　一局中最多給予受傷隊員 5 分鐘的休息時間。裁判員必須同意專門指定的醫生進場照看受傷隊員。只有裁判員能允許隊員離開場地無需處罰，5 分鐘到時後裁判員鳴哨要求隊員繼續比賽。這時，只有受傷隊員自己決定是否可以比賽。

如果此時受傷隊員不能恢復比賽和回到場地裡來，則該隊被判為不完整（規則 7.5.3、9.1）。

在極端的情況下賽會的醫生和技術監督有權反對受傷隊員的繼續比賽。

注意：受傷恢復的時間從賽會的正式醫生抵達比賽場地照看受傷隊員時開始。如果沒有設置醫生，則恢復時間從裁判員允許時開始。

21.2　外界干擾

比賽中出現任何外界干擾，都應停止比賽。該球重新進行。

21.3　長時間的間斷

任何意外的情況使比賽中斷時，第一裁判員、比賽組織者和主管委員會，應採取措施，使比賽恢復正常。

21.3.1　一次或數次間斷時間累計不超過 4 小時：

比賽仍在原地或另一場地進行，則間斷的一局應保持原比分。已結束的各局保留比分。

21.3.2　一次或數次間斷時間累計超過 4 小時，則全場比賽重新開始。

22.交換場區和休息

22.1　交換場區

22.1.1　在方式 A 的比賽中，雙方每積 5 分後交換場區。

22.1.2　在方式 B 的比賽中，雙方每積 4 分後交換場區。

22.2　局間休息

22.2.1　所有局間休息（超過 1 局的比賽時）為 5 分

鐘。局間休息時,第一裁判員遵照規則 8.1 主持抽簽。

22.2.2　交換場區時(規則 22.1),可給球隊最多 30 秒鐘的休息時間。休息時隊員可坐在席位上。但是,方式 B(規則 7.1.3)的決勝局(第三局)交換場區時沒有休息時間。球隊必須無延誤地交換。

22.2.3　如果未按時交換場區,則在發現時立即進行,比分保持不變。

第七章　不良行為

23.不良行為

球隊成員對裁判員、對方隊員、同隊隊員和觀眾的不良行為,根據程度分為三類。

23.1　類別

23.1.1　粗魯行為:違背道德原則和文明舉止,有侮辱性表示。

23.1.2　冒犯行為:誹謗、侮辱的言語或形態。

23.1.3　侵犯行為:人身侵犯或企圖侵犯。

23.2　判罰

第一裁判員根據不良行為時程度,分別給予如下判罰(這些必須記錄在記分表上)。

23.2.1　判罰:用於在全場比賽中任一隊員的粗魯行為,判該隊失一球。

23.2.2　判罰出場:用於粗魯行為的再犯。隊員被判罰出場必須離開比賽場地,該隊在該局比賽中被宣布為陣容不完整(規則 7.5.3、9)。

23.2.3　取消比賽資格:用於冒犯行為和侵犯行為。被

罰隊員必須離開比賽場地，該隊在該場比賽中被宣布為陣容不完整（規則 7.5.3、9）。

23.3　判罰的等級

同一人在同一局中重犯不良行為時，按《不良行為判罰等級表》加一級判罰。

一名隊員在同一局比賽中可以得到多次的不良行為判罰。

對冒犯行為和侵犯行為的取消比賽資格，無須先一次的判罰。

23.4　局前和局間的不良行為

任何局前和局間的不良行為都應按《不良行為判罰等級表》進行判罰，並將判罰記錄在下一局中。

不良行為判罰等級表

種　類	發生次數	違反者	判　罰	牌	結　果
粗魯行為	第一次	任一成員	判罰	黃	失一球
	第二次	同一成員	判罰出場	紅	離開比賽場地坐在判罰區
	第三次	同一成員	取消比賽資格	紅＋黃	離開比賽控制區
冒犯行為	第一次	任一成員	判罰出場	紅	離開比賽場地坐在判罰區
	第二次	同一成員	取消比賽資格	紅＋黃	離開比賽控制區
侵犯行為	第一次	任一成員	取消比賽資格	紅＋黃	離開比賽控制區

第二部分　裁判員的職責和法定手勢

第八章　裁判人員及工作程序

24.裁判人員和工作程序

24.1　組成

一場比賽的裁判由以下人員組成：第一裁判員；第二裁判員；記錄員；四名（或兩名）司線員。其位置如圖4所示。

24.2　工作程序

24.2.1　在比賽中只有第一裁判員和第二裁判員可以鳴哨：

a）第一裁判員鳴哨發球，開始比賽。

b）第一裁判員和第二裁判員確認犯規發生並判斷其性質，鳴哨中斷比賽。

24.2.2　在比賽中斷期間，他們可以鳴哨表示同意或拒絕某隊的請求。

24.2.3　裁判員鳴哨中止比賽後，應立即以法定手勢（規則29.1）表明：犯規的性質；犯規的隊員；應發球的隊。

25.第一裁判員

25.1　位置

第一裁判員坐或站在球網一端的裁判臺上執行任務。其視線水平必須高出球網上沿約50公分（圖4）。

25.2　權力

25.2.1 第一裁判員自始至終領導該場比賽。第一裁判員對所有裁判人員和隊的成員行使權力。

在比賽中，第一裁判員的判定是最終判定。如果發現其他裁判員的錯誤，他有權改判。

第一裁判員甚至可以撤換任何不稱職的其他裁判人員。

25.2.2 第一裁判員同時掌管撿球員的工作。

25.2.3 第一裁判員有權決定涉及比賽的一切問題，包括規則中沒有規定的問題。

25.2.4 第一裁判員不允許對其判斷進行任何爭辯。但當隊員提出請求時，他應對其判定所依據的規則和規則的執行給予解釋。

如果隊員立即表示不同意他的解釋，第一裁判員應允許其在比賽後對此提出正式抗議。國際排聯正式比賽中，仲裁委員會必須立即對此作出決定，以免影響比賽進程。

25.2.5 在比賽前和比賽中，第一裁判員負責決定賽場條件是否符合比賽要求。

25.3 責任

25.3.1 比賽前，第一裁判員：

a）檢查比賽場地、球和其它器材。

b）主持雙方隊長抽簽。

c）掌握兩隊的準備活動。

25.3.2 比賽中，只有第一裁判中有權：

a）對不良行為和延誤進行判罰。

b）判定：

——發球隊員的犯規。

——發球隊的掩護。

——比賽擊球的犯規。

——高於球網和球網上部的犯規。

26.第二裁判員

26.1 位置

第二裁判員站在第一裁判員對面、比賽場區之外的網柱附近，面對第一裁判員執行任務（圖4）。

26.2 權力

26.2.1 第二裁判員是第一裁判員的助手，但仍有其自己的責任範圍（規則26.3）。當第一裁判員不能繼續工作時，第二裁判員可以代替他的工作。

26.2.2 第二裁判員可以用手勢指出他責任以外的犯規，但不得鳴哨，也不得對第一裁判員堅持自己的手勢。

26.2.3 第二裁判員監督記錄員的工作。

26.2.4 第二裁判員允許暫停，掌握交換場區並控制時間，拒絕不合規定的請求。

26.2.5 第二裁判員掌握各隊暫停次數，並將第四次暫停報告第一裁判員和有關隊員。

26.2.6 發現隊員受傷，第二裁判員可給予其恢復時間（規則21.1.2）。

26.2.7 第二裁判員在比賽中檢查球是否符合規則要求。

26.3 責任

26.3.1 比賽中，第二裁判員對下述情況作出判斷，鳴哨並做出手勢。

a）隊員觸及球網下部和第二裁判員一側的標誌杆（規

則 15.3.1）。

　　b）隊員由網下穿越進入對方場區和空間干擾了對方
（規則 15.2）。

　　c）球觸及第二裁判員一側的標誌杆或從過網區以外過
網（規則 11.4）。

　　d）球觸及場外物體（規則 11.4）。

27.記錄員

27.1　位置

　　記錄員坐在第一裁判員對面的記錄臺處，面對第一裁
判員執行其任務（圖 4）。

27.2　責任

　　記錄員根據規則填寫記錄表並與第二裁判員合作。

　　27.2.1　在比賽前和每局前，記錄員按照規定程序登記
有關比賽和兩隊的情況，並取得雙方隊長的簽字。

　　27.2.2　在比賽中，記錄員：

　　a）記錄得分並校對計分牌上的比分是否正確。

　　b）一局中每一隊員發球時監督並記錄發球次序。

　　c）通過展示相應發球隊員 1 號或 2 號的號碼牌指明發
球次序。記錄員發現任何錯誤，應在發球擊球後立即告知
裁判員。

　　e）記錄暫停，檢查暫停次數，並告訴第二裁判員。

　　e）報告裁判員不符合規定的暫停請求（規則 19.4）。

　　f）每局比賽結束和交換場區時要通知裁判員。

　　27.2.3　比賽結束時，記錄員：

　　a）登記最終結果。

　　b）自己在記錄表上簽字後，取得雙方隊長然後是裁判

員的簽字。

c）如果有提出抗議的情況〔規則 6.1.7a）〕，自己或允許相關隊員將有關抗議的問題寫在記錄表上。

28.司線員

28.1　位置

28.1.1　在正式國際比賽中必須有兩名司線員。

他們站在場區對角的兩角端，距場角 1～2 公尺。各自負責他一側的端線和邊線。

28.1.2　如果採用四名司線員，則他們站在各自負責界線的假想延長線上，距場角 1～3 公尺（圖 4）。

28.2　責任

28.2.1　司線員用旗（30×30 公分）按照圖 8 所示的旗示，執行其任務：

a）球落在他們所負責的線附近時，示以界內或界外。

b）對接球隊觸及身體後出界的球，示以觸手出界。

c）示意球從過網區外過網或觸及標誌杆等（規則 1.4.1，主要由離球飛行線路最近的司線員負責。

d）負責端線的司線員示意發球隊員腳的犯規（規則 16.5.1）。

在第一裁判員詢問時，司線員必須重複其旗示。

29.法定手勢

29.1　裁判員的手勢

裁判員和司線員必須用法定的手勢指明所判犯規的性質或准許比賽間斷的目的。其方式如下：

29.1.1　手勢應有短時的展示。如果是單手做手勢，則應用與犯規隊或提出請求隊同側的手表示。

29.1.2　然後裁判員指出犯規隊員或提出請求的隊。

29.1.3　最後裁判員用手勢指出下一次發球的隊。

29.2　司線員的旗示

司線員必須用法定旗示指出犯規的性質，並有短時間的展示。

大展出版社有限公司
品冠文化出版社

圖書目錄

地址：台北市北投區(石牌)　　　　電話：(02) 28236031
　　　致遠一路二段 12 巷 1 號　　　　　　28236033
郵撥：01669551＜大展＞　　　　　　　　28233123
　　　19346241＜品冠＞　　　　傳真：(02) 28272069

・熱 門 新 知・品冠編號 67

1.	圖解基因與 DNA	（精）	中原英臣主編	230 元
2.	圖解人體的神奇	（精）	米山公啟主編	230 元
3.	圖解腦與心的構造	（精）	永田和哉主編	230 元
4.	圖解科學的神奇	（精）	鳥海光弘主編	230 元
5.	圖解數學的神奇	（精）	柳 谷 晃著	250 元
6.	圖解基因操作	（精）	海老原充主編	230 元
7.	圖解後基因組	（精）	才園哲人著	230 元
8.	圖解再生醫療的構造與未來		才園哲人著	230 元
9.	圖解保護身體的免疫構造		才園哲人著	230 元

・生 活 廣 場・品冠編號 61

1.	366 天誕生星	李芳黛譯	280 元
2.	366 天誕生花與誕生石	李芳黛譯	280 元
3.	科學命相	淺野八郎著	220 元
4.	已知的他界科學	陳蒼杰譯	220 元
5.	開拓未來的他界科學	陳蒼杰譯	220 元
6.	世紀末變態心理犯罪檔案	沈永嘉譯	240 元
7.	366 天開運年鑑	林廷宇編著	230 元
8.	色彩學與你	野村順一著	230 元
9.	科學手相	淺野八郎著	230 元
10.	你也能成為戀愛高手	柯富陽編著	220 元
11.	血型與十二星座	許淑瑛編著	230 元
12.	動物測驗—人性現形	淺野八郎著	200 元
13.	愛情、幸福完全自測	淺野八郎著	200 元
14.	輕鬆攻佔女性	趙奕世編著	230 元
15.	解讀命運密碼	郭宗德著	200 元
16.	由客家了解亞洲	高木桂藏著	220 元

・女醫師系列・品冠編號 62

1.	子宮內膜症	國府田清子著	200 元
2.	子宮肌瘤	黑島淳子著	200 元

3.	上班女性的壓力症候群	池下育子著	200 元
4.	漏尿、尿失禁	中田真木著	200 元
5.	高齡生產	大鷹美子著	200 元
6.	子宮癌	上坊敏子著	200 元
7.	避孕	早乙女智子著	200 元
8.	不孕症	中村春根著	200 元
9.	生理痛與生理不順	堀口雅子著	200 元
10.	更年期	野末悅子著	200 元

・傳統民俗療法・ 品冠編號 63

1.	神奇刀療法	潘文雄著	200 元
2.	神奇拍打療法	安在峰著	200 元
3.	神奇拔罐療法	安在峰著	200 元
4.	神奇艾灸療法	安在峰著	200 元
5.	神奇貼敷療法	安在峰著	200 元
6.	神奇薰洗療法	安在峰著	200 元
7.	神奇耳穴療法	安在峰著	200 元
8.	神奇指針療法	安在峰著	200 元
9.	神奇藥酒療法	安在峰著	200 元
10.	神奇藥茶療法	安在峰著	200 元
11.	神奇推拿療法	張貴荷著	200 元
12.	神奇止痛療法	漆浩著	200 元
13.	神奇天然藥食物療法	李琳編著	200 元

・常見病藥膳調養叢書・ 品冠編號 631

1.	脂肪肝四季飲食	蕭守貴著	200 元
2.	高血壓四季飲食	秦玖剛著	200 元
3.	慢性腎炎四季飲食	魏從強著	200 元
4.	高脂血症四季飲食	薛輝著	200 元
5.	慢性胃炎四季飲食	馬秉祥著	200 元
6.	糖尿病四季飲食	王耀獻著	200 元
7.	癌症四季飲食	李忠著	200 元
8.	痛風四季飲食	魯焰主編	200 元
9.	肝炎四季飲食	王虹等著	200 元
10.	肥胖症四季飲食	李偉等著	200 元
11.	膽囊炎、膽石症四季飲食	謝春娥著	200 元

・彩色圖解保健・ 品冠編號 64

1.	瘦身	主婦之友社	300 元
2.	腰痛	主婦之友社	300 元
3.	肩膀痠痛	主婦之友社	300 元

4.	腰、膝、腳的疼痛		主婦之友社	300 元
5.	壓力、精神疲勞		主婦之友社	300 元
6.	眼睛疲勞、視力減退		主婦之友社	300 元

・心 想 事 成・品冠編號 65

1.	魔法愛情點心		結城莫拉著	120 元
2.	可愛手工飾品		結城莫拉著	120 元
3.	可愛打扮 & 髮型		結城莫拉著	120 元
4.	撲克牌算命		結城莫拉著	120 元

・少 年 偵 探・品冠編號 66

1.	怪盜二十面相	（精）	江戶川亂步著	特價 189 元
2.	少年偵探團	（精）	江戶川亂步著	特價 189 元
3.	妖怪博士	（精）	江戶川亂步著	特價 189 元
4.	大金塊	（精）	江戶川亂步著	特價 230 元
5.	青銅魔人	（精）	江戶川亂步著	特價 230 元
6.	地底魔術王	（精）	江戶川亂步著	特價 230 元
7.	透明怪人	（精）	江戶川亂步著	特價 230 元
8.	怪人四十面相	（精）	江戶川亂步著	特價 230 元
9.	宇宙怪人	（精）	江戶川亂步著	特價 230 元
10.	恐怖的鐵塔王國	（精）	江戶川亂步著	特價 230 元
11.	灰色巨人	（精）	江戶川亂步著	特價 230 元
12.	海底魔術師	（精）	江戶川亂步著	特價 230 元
13.	黃金豹	（精）	江戶川亂步著	特價 230 元
14.	魔法博士	（精）	江戶川亂步著	特價 230 元
15.	馬戲怪人	（精）	江戶川亂步著	特價 230 元
16.	魔人銅鑼	（精）	江戶川亂步著	特價 230 元
17.	魔法人偶	（精）	江戶川亂步著	特價 230 元
18.	奇面城的秘密	（精）	江戶川亂步著	特價 230 元
19.	夜光人	（精）	江戶川亂步著	特價 230 元
20.	塔上的魔術師	（精）	江戶川亂步著	特價 230 元
21.	鐵人Ｑ	（精）	江戶川亂步著	特價 230 元
22.	假面恐怖王	（精）	江戶川亂步著	特價 230 元
23.	電人Ｍ	（精）	江戶川亂步著	特價 230 元
24.	二十面相的詛咒	（精）	江戶川亂步著	特價 230 元
25.	飛天二十面相	（精）	江戶川亂步著	特價 230 元
26.	黃金怪獸	（精）	江戶川亂步著	特價 230 元

・武 術 特 輯・大展編號 10

1.	陳式太極拳入門		馮志強編著	180 元
2.	武式太極拳		郝少如編著	200 元

48. 太極拳習練知識問答	邱丕相主編	220 元
49. 八法拳 八法槍	武世俊著	220 元
50. 地趟拳＋VCD	張憲政著	350 元
51. 四十八式太極拳＋DVD	楊　靜演示	400 元
52. 三十二式太極劍＋VCD	楊　靜演示	300 元
53. 隨曲就伸 中國太極拳名家對話錄	余功保著	300 元
54. 陳式太極拳五功八法十三勢	鬫桂香著	200 元
55. 六合螳螂拳	劉敬儒等著	280 元
56. 古本新探華佗五禽戲	劉時榮編著	180 元
57. 陳式太極拳養生功＋VCD	陳正雷著	350 元
58. 中國循經太極拳二十四式教程	李兆生著	300 元
59. ＜珍貴本＞太極拳研究	唐豪・顧留馨著	250 元
60. 武當三豐太極拳	劉嗣傳著	300 元
61. 楊式太極拳體用圖解	崔仲三編著	400 元
62. 太極十三刀	張耀忠編著	230 元
63. 和式太極拳譜＋VCD	和有祿編著	450 元
64. 太極內功養生術	關永年著	300 元
65. 養生太極推手	黃康輝編著	280 元
66. 太極推手祕傳	安在峰編著	300 元
67. 楊少侯太極拳用架真詮	李璉編著	280 元
68. 細說陰陽相濟的太極拳	林冠澄著	350 元
69. 太極內功解祕	祝大彤編著	280 元
70. 簡易太極拳健身功	王建華著	200 元
71. 楊氏太極拳真傳	趙斌等著	380 元
72. 李子鳴傳梁式直趟八卦六十四散手掌	張全亮編著	200 元
73. 炮捶 陳式太極拳第二路	顧留馨著	330 元

・彩色圖解太極武術・ 大展編號 102

1. 太極功夫扇	李德印編著	220 元
2. 武當太極劍	李德印編著	220 元
3. 楊式太極劍	李德印編著	220 元
4. 楊式太極刀	王志遠著	220 元
5. 二十四式太極拳 (楊式) ＋VCD	李德印編著	350 元
6. 三十二式太極劍 (楊式) ＋VCD	李德印編著	350 元
7. 四十二式太極劍＋VCD	李德印編著	350 元
8. 四十二式太極拳＋VCD	李德印編著	350 元
9. 16 式太極拳 18 式太極劍＋VCD	崔仲三著	350 元
10. 楊氏 28 式太極拳＋VCD	趙幼斌著	350 元
11. 楊式太極拳 40 式＋VCD	宗維潔編著	350 元
12. 陳式太極拳 56 式＋VCD	黃康輝等著	350 元
13. 吳式太極拳 45 式＋VCD	宗維潔編著	350 元
14. 精簡陳式太極拳 8 式、16 式	黃康輝編著	220 元
15. 精簡吳式太極拳＜36 式拳架・推手＞	柳恩久主編	220 元

16. 夕陽美功夫扇　　　　　　　　李德印著　220 元
17. 綜合 48 式太極拳＋VCD　　　竺玉明編著　350 元
18. 32 式太極拳（四段）　　　　宗維潔演示　220 元

・國際武術競賽套路・大展編號 103

1. 長拳　　　　　　　　　　　李巧玲執筆　220 元
2. 劍術　　　　　　　　　　　程慧琨執筆　220 元
3. 刀術　　　　　　　　　　　劉同為執筆　220 元
4. 槍術　　　　　　　　　　　張躍寧執筆　220 元
5. 棍術　　　　　　　　　　　殷玉柱執筆　220 元

・簡化太極拳・大展編號 104

1. 陳式太極拳十三式　　　　　陳正雷編著　200 元
2. 楊式太極拳十三式　　　　　楊振鐸編著　200 元
3. 吳式太極拳十三式　　　　　李秉慈編著　200 元
4. 武式太極拳十三式　　　　　喬松茂編著　200 元
5. 孫式太極拳十三式　　　　　孫劍雲編著　200 元
6. 趙堡太極拳十三式　　　　　王海洲編著　200 元

・導引養生功・大展編號 105

1. 疏筋壯骨功＋VCD　　　　　張廣德著　350 元
2. 導引保建功＋VCD　　　　　張廣德著　350 元
3. 頤身九段錦＋VCD　　　　　張廣德著　350 元
4. 九九還童功＋VCD　　　　　張廣德著　350 元
5. 舒心平血功＋VCD　　　　　張廣德著　350 元
6. 益氣養肺功＋VCD　　　　　張廣德著　350 元
7. 養生太極扇＋VCD　　　　　張廣德著　350 元
8. 養生太極棒＋VCD　　　　　張廣德著　350 元
9. 導引養生形體詩韻＋VCD　　張廣德著　350 元
10. 四十九式經絡動功＋VCD　　張廣德著　350 元

・中國當代太極拳名家名著・大展編號 106

1. 李德印太極拳規範教程　　　李德印著　550 元
2. 王培生吳式太極拳詮真　　　王培生著　500 元
3. 喬松茂武式太極拳詮真　　　喬松茂著　450 元
4. 孫劍雲孫式太極拳詮真　　　孫劍雲著　350 元
5. 王海洲趙堡太極拳詮真　　　王海洲著　500 元
6. 鄭琛太極拳道詮真　　　　　鄭琛著　450 元

·古代健身功法· 大展編號 107

1. 練功十八法　　　　　　　蕭凌編著　200 元
2. 十段錦運動　　　　　　　劉時榮編著　180 元
3. 二十八式長壽健身操　　　劉時榮著　　180 元

·太極跤· 大展編號 108

1. 太極防身術　　　　　　　郭慎著　　　300 元

·名師出高徒· 大展編號 111

1. 武術基本功與基本動作　　劉玉萍編著　200 元
2. 長拳入門與精進　　　　　吳彬等著　　220 元
3. 劍術刀術入門與精進　　　楊柏龍等著　220 元
4. 棍術、槍術入門與精進　　邱丕相編著　220 元
5. 南拳入門與精進　　　　　朱瑞琪編著　220 元
6. 散手入門與精進　　　　　張山等著　　220 元
7. 太極拳入門與精進　　　　李德印編著　280 元
8. 太極推手入門與精進　　　田金龍編著　220 元

·實用武術技擊· 大展編號 112

1. 實用自衛拳法　　　　　　溫佐惠著　　250 元
2. 搏擊術精選　　　　　　　陳清山等著　220 元
3. 秘傳防身絕技　　　　　　程崑彬著　　230 元
4. 振藩截拳道入門　　　　　陳琦平著　　220 元
5. 實用擒拿法　　　　　　　韓建中著　　220 元
6. 擒拿反擒拿 88 法　　　　韓建中著　　250 元
7. 武當秘門技擊術入門篇　　高翔著　　　250 元
8. 武當秘門技擊術絕技篇　　高翔著　　　250 元
9. 太極拳實用技擊法　　　　武世俊著　　220 元
10. 奪凶器基本技法　　　　　韓建中著　　220 元
11. 峨眉拳實用技擊法　　　　吳信良著　　280 元

·中國武術規定套路· 大展編號 113

1. 螳螂拳　　　　　　　　　中國武術系列　300 元
2. 劈掛拳　　　　　　　　　規定套路編寫組　300 元
3. 八極拳　　　　　　　　　國家體育總局　250 元
4. 木蘭拳　　　　　　　　　國家體育總局　230 元

·中華傳統武術· 大展編號 114

1. 中華古今兵械圖考	裴錫榮主編	280 元
2. 武當劍	陳湘陵編著	200 元
3. 梁派八卦掌（老八掌）	李子鳴遺著	220 元
4. 少林 72 藝與武當 36 功	裴錫榮主編	230 元
5. 三十六把擒拿	佐藤金兵衛主編	200 元
6. 武當太極拳與盤手 20 法	裴錫榮主編	220 元

·少林功夫· 大展編號 115

1. 少林打擂秘訣	德虔、素法編著	300 元
2. 少林三大名拳 炮拳、大洪拳、六合拳	門惠豐等著	200 元
3. 少林三絕 氣功、點穴、擒拿	德虔編著	300 元
4. 少林怪兵器秘傳	素法等著	250 元
5. 少林護身暗器秘傳	素法等著	220 元
6. 少林金剛硬氣功	楊維編著	250 元
7. 少林棍法大全	德虔、素法編著	250 元
8. 少林看家拳	德虔、素法編著	250 元
9. 少林正宗七十二藝	德虔、素法編著	280 元
10. 少林瘋魔棍闡宗	馬德著	250 元
11. 少林正宗太祖拳法	高翔著	280 元
12. 少林拳技擊入門	劉世君編著	220 元
13. 少林十路鎮山拳	吳景川主編	300 元
14. 少林氣功祕集	釋德虔編著	220 元
15. 少林十大武藝	吳景川主編	450 元

·迷蹤拳系列· 大展編號 116

1. 迷蹤拳（一）+VCD	李玉川編著	350 元
2. 迷蹤拳（二）+VCD	李玉川編著	350 元
3. 迷蹤拳（三）	李玉川編著	250 元
4. 迷蹤拳（四）+VCD	李玉川編著	580 元
5. 迷蹤拳（五）	李玉川編著	250 元
6. 迷蹤拳（六）	李玉川編著	300 元

·截拳道入門· 大展編號 117

1. 截拳道手擊技法	舒建臣編著	230 元

·原地太極拳系列· 大展編號 11

1. 原地綜合太極拳 24 式	胡啟賢創編	220 元
2. 原地活步太極拳 42 式	胡啟賢創編	200 元

3. 原地簡化太極拳 24 式	胡啟賢創編	200 元
4. 原地太極拳 12 式	胡啟賢創編	200 元
5. 原地青少年太極拳 22 式	胡啟賢創編	220 元

·道 學 文 化· 大展編號 12

1. 道在養生：道教長壽術	郝勤等著	250 元
2. 龍虎丹道：道教內丹術	郝勤著	300 元
3. 天上人間：道教神仙譜系	黃德海著	250 元
4. 步罡踏斗：道教祭禮儀典	張澤洪著	250 元
5. 道醫窺秘：道教醫學康復術	王慶餘等著	250 元
6. 勸善成仙：道教生命倫理	李剛著	250 元
7. 洞天福地：道教宮觀勝境	沙銘壽著	250 元
8. 青詞碧簫：道教文學藝術	楊光文等著	250 元
9. 沈博絕麗：道教格言精粹	朱耕發等著	250 元

·易 學 智 慧· 大展編號 122

1. 易學與管理	余敦康主編	250 元
2. 易學與養生	劉長林等著	300 元
3. 易學與美學	劉綱紀等著	300 元
4. 易學與科技	董光璧著	280 元
5. 易學與建築	韓增祿著	280 元
6. 易學源流	鄭萬耕著	280 元
7. 易學的思維	傅雲龍等著	250 元
8. 周易與易圖	李申著	250 元
9. 中國佛教與周易	王仲堯著	350 元
10. 易學與儒學	任俊華著	350 元
11. 易學與道教符號揭秘	詹石窗著	350 元
12. 易傳通論	王博著	250 元
13. 談古論今說周易	龐鈺龍著	280 元
14. 易學與史學	吳懷祺著	230 元
15. 易學與天文學	盧央著	230 元
16. 易學與生態環境	楊文衡著	230 元
17. 易學與中國傳統醫學	蕭漢民著	280 元

·神 算 大 師· 大展編號 123

1. 劉伯溫神算兵法	應涵編著	280 元
2. 姜太公神算兵法	應涵編著	280 元
3. 鬼谷子神算兵法	應涵編著	280 元
4. 諸葛亮神算兵法	應涵編著	280 元

國家圖書館出版品預行編目資料

　沙灘排球技巧圖解／鍾秉樞　蘇麗敏　主編
　　　——初版，——臺北市，大展，2005〔民94〕
　　　面；21公分，——（運動精進叢書；8）
　　　ISBN　957-468-400-8（平裝）

　1.排球

528.954　　　　　　　　　　　　　　　94012909

沙灘排球技巧圖解　　　ISBN 957-468-400-8

主 編 者／鍾秉樞　蘇麗敏

責任編輯／秦德斌

發 行 人／蔡森明

出 版 者／大展出版社有限公司

社　　　址／台北市北投區（石牌）致遠一路2段12巷1號

電　　　話／（02）28236031・28236033・28233123

傳　　　眞／（02）28272069

郵政劃撥／01669551

網　　　址／www.dah-jaan.com.tw

E－mail／service@dah-jaan.com.tw

登 記 證／局版臺業字第2171號

承 印 者／翔盛彩色印刷公司

裝　　　訂／建鑫印刷裝訂有限公司

排 版 者／弘益電腦排版有限公司

授 權 者／北京體育大學出版社

初版1刷／2005年（民94年）9月

定　　價／230元